insel taschenbuch 3198

Franziska Wolffheim

Sizilien

Franziska Wolffheim
Sizilien

Portraits einer Insel

Insel Verlag

Umschlagfoto: Royalty-Free/Corbis

insel taschenbuch 3198
Erste Auflage 2006
Insel Verlag Frankfurt am Main und Leipzig

Vertrieb durch den Suhrkamp Taschenbuch Verlag
Umschlag: Michael Hagemann
Satz: Hümmer GmbH, Waldbüttelbrunn
Druck: Druckhaus Nomos, Sinzheim
ISBN 3-458-34898-0

1 2 3 4 5 6 – 11 10 09 08 07 06

Inhalt

Inhalt

Gott schuf Sizilien – aber schickte die Sizilianer

»Diese Heftigkeit der Landschaft, diese Grausamkeit des Klimas, diese ständige Gespanntheit, wohin man auch blickt, auch diese Denkmäler der Vergangenheit, großartig, aber unbegreiflich, weil nicht von uns errichtet: sie stehen um uns her wie wunderschöne, stumme Gespenster.« Wer durch Sizilien fährt, wird immer wieder an diese Sätze aus Giuseppe Tomasi di Lampedusas Roman *Der Leopard* denken, an seine Beschreibungen einer Landschaft, »die keine Mitte kennt zwischen üppiger Weiche und vermaledeiter Wüste«. Starke, intensive Bilder sind es, die einem auf der Reise durch Italiens äußersten Süden begegnen, häufig berauschend, manchmal auch erschreckend. Durchquert man im Sommer das Landesinnere, meint man, Mondlandschaften ziehen vorbei: verbrannte, kahle Erde, ein paar wuchernde Kakteen, sonst nichts, und darüber steht die sengende Sonne, das »rasende sizilianische Licht«, wie Lampedusa schreibt. Kein Wunder, daß in Sizilien das alte Symbol des Sonnenrads, die Trinacria, immer wieder auf Bildern, Vasen und Schmuckstücken auftaucht; auf manchen Darstellungen lächelt die Sonne harmlos, und so wird zumindest in der Kunst ihre Kraft ein wenig gebrochen.

Wie verführerisch ist die Insel dagegen im Frühjahr, wenn sie von Blumen übersät ist, aus denen die Einheimischen in der Barockstadt Noto bunte Teppiche knüpfen und damit im Mai die Straßen schmücken. Auch im

Winter steht die Natur nicht still. Wer im Dezember mit dem Zug von Taormina nach Syrakus fährt, kommt an üppigen Orangen- und Zitronenplantagen vorbei und möchte ständig die Hand aus dem Fenster strecken und nach einer Apfelsine greifen. Besucht er in Syrakus den berühmten archäologischen Park, wird er bestimmt länger vor den sogenannten Paradies-Steinbrüchen stehenbleiben, die selbst zu dieser Jahreszeit strotzend sind – nicht einmal Regen oder Kälte können ihnen etwas anhaben. Vor einer großen Kalkstein-Kulisse wachsen Magnolien, Oleander, Lorbeer, Mandarinen- und Zitronenbäume. Wüßte man nicht, daß die Syrakuser in den Felshöhlen ehemals ihre Kriegsgefangenen festhielten, glaubte man, hier müsse der irdische Garten Eden sein.

Die Insel des Lichts ist immer auch die Insel der harten Kontraste – bestimmt ist es kein Zufall, daß es hier bis heute keinen Massentourismus gibt. Besonders Palermo, die lebendigste Stadt Siziliens, die durch die furchtbaren Mafia-Morde Anfang der Neunziger wie gelähmt war, ist voller Widersprüche. Die schönsten Märkte liegen in heruntergekommenen Altstadtvierteln, auf den großen Boulevards steht fast an jeder Ecke ein Bettler, und in der nächsten Seitenstraße ächzen Bruchbuden unter notdürftig gezogenen Stützbalken; während ein paar Blocks weiter prächtig sanierte Häuser in der Sonne glänzen. Der Schriftsteller Santo Piazzese beschreibt, wie im Sommer der Schirokko, der warme Wind aus der Sahara, die Einwohner Palermos quält und betäubt, aber auch die Sinne schärft: »Bei Schirokko sind die Farben klarer und reiner, sind die Berge um die Conca d'Oro

[›goldene Muschel‹, Umgebung von Palermo] herum in Violett getaucht; und die Stadt scheint unmittelbar aus dem Licht zu erstehen.« An Schirokko-Tagen, an denen man meint, einen leichten Sandbelag in der Mundhöhle zu spüren, hilft nur eins: das berühmte sizilianische Gelato zu essen, das es in unzähligen Varianten von Jasminblüten bis zu gebrannten Nüssen gibt. Ansonsten müssen sich die Menschen mit dem heißen Wüstenwind arrangieren – so wie mit den Dürreperioden, Erdbeben und Vulkanausbrüchen, die die Insel immer wieder heimsuchen.

Ein sizilianisches Sprichwort lautet: »Wer rund geboren ist, der kann nicht viereckig sterben.« Das heißt, keiner kann aus seiner Haut, sich wirklich verändern. In einer Region, die jahrhundertelang unter Fremdherrschaft stand, verwundert ein solcher Satz nicht: Wer sich nicht selbst regieren darf, neigt zum Fatalismus. Verschiedene Besatzer haben sich auf der Insel die Klinke in die Hand gegeben: Griechen, Römer, Byzantiner, Araber, Normannen, Staufer, Franzosen, Spanier und Österreicher. Dabei ist es den Einheimischen gelungen, die verschiedenen Einflüsse aufzunehmen und zu absorbieren. Entstanden ist eine beneidenswert vielfältige Kultur – was wäre Sizilien ohne seine griechischen Tempel, normannischen Paläste oder die auf die Araber zurückgehende Tradition der Süßspeisen? In Sizilien kann man unterschiedlichste Kulturkreise bereisen, ohne dabei viele Kilometer zurücklegen zu müssen. So ist es auch nicht verwunderlich, daß berühmte Schriftsteller wie Goethe oder Johann Gottfried Seume – der von Eseltreibern kurz »Don Juan« genannt wurde – hier Anregungen gesucht haben. Für einen reinen Strandurlaub ist Italiens Süden jedenfalls viel zu schade.

Sizilien als Kolonie, als Spielball fremder Mächte – das war andererseits aber auch Fluch und nicht zuletzt idealer Nährboden für den größten Feind im eigenen Land, die Mafia. Über Jahrhunderte hatte die Insel keine Chance, einen unabhängigen, funktionierenden Staat aufzubauen. In diesem Machtvakuum konnten die *gabelloti* ungehindert agieren, die Geldeintreiber der Großgrundbesitzer. Sie preßten den Pächtern hohe Zinsen ab, vermittelten in Streitfällen und bauten ihre Netzwerke aus Kontakten und Beziehungen auf. Diese blutsaugenden Klein-Herrscher waren die Vorläufer der Mafiosi. An sie muß ich immer denken, wenn jene hübsche Anekdote erzählt wird, mit der sich die Einheimischen selbst auf den Arm nehmen: Gott schuf Sizilien und sah, daß es ein kleines Paradies geworden war. Um zu verhindern, daß sich andere Länder benachteiligt fühlen könnten, korrigierte er sein Werk ein wenig: Er schickte die Sizilianer …

Die Anekdote ist übrigens auch bei den Norditalienern beliebt, die den Süden des Stiefels am liebsten ganz abhängen würden – warum soll man die faulen »terroni« mit durchfüttern? Auch aggressive Sprüche wie »Forza, Etna!«, los, Ätna, weiter so, liest man im Norden auf Mauern und Hauswänden. Berlusconis gigantisches Projekt einer 3300 Meter langen »Super-Brücke«, die Sizilien mit dem Festland verbinden soll, dürfte den Anhängern solcher Parolen kaum gefallen. Aber auch manche Sizilianer haben schon dagegengehalten, daß der Bau von Wasserleitungen dringlicher sei als ein solches Mammutprojekt, mit dem sich Berlusconi selbst ein Denkmal setzen möchte. Wer weiß, ob es jemals dazu kommt.

Sizilianer sind, wie alle Italiener, bekennende Lokalpatrioten und haben ein sehr sinnliches Verhältnis zu den Reichtümern ihrer Insel. Auf dem Markt in Catania bin ich einem Obstverkäufer begegnet, der eine Kaktusfeige so leidenschaftlich angepriesen hat, als würde er der stacheligen Frucht eine Liebeserklärung machen. Sizilianer essen leidenschaftlich gern und reden leidenschaftlich gern darüber – Kochen ist nicht unbedingt eine Frauendomäne. In welcher Bar gibt es die besten *arancine* (mit Hack und Erbsen gefüllte Reisbällchen), die würzigsten *sarde a beccafico* (mit Semmelbröseln, Pinienkernen und Korinthen gefüllte Sardinen) oder die fettesten *cannoli* (mit Ricotta gestopfte Teigröllchen)? Darüber können Einheimische stundenlang diskutieren, und beim Zuhören überfällt einen zwangsläufig unbändiger Hunger.

Ein gängiges Klischee lautet, Sizilianer seien düster und verschlossen. Das stimmt natürlich nicht. Aber vielleicht sind die Inselbewohner, die durch Naturkatastrophen, Arbeitslosigkeit und die »Ehrenwerte Gesellschaft« stark gebeutelt sind, argwöhnischer und schicksalsgläubiger als viele ihrer Landsleute. Wer heute als Tourist durch Sizilien reist, bekommt von der Mafia meist gar nichts mit – selbst wenn die Apartmentanlage, in der er wohnt, vielleicht von Mafiosi betrieben wird.

Daß die Mittelmeerinsel immer wieder in die Hand von Invasoren gefallen ist, hat laut Leonardo Sciascia, dem 1989 gestorbenen sizilianischen Schriftsteller, übrigens noch eine ganz andere Folge: Den Inselbewohnern, die von mehr als tausend Kilometern Küste umgeben sind, wird nämlich ein tiefes Mißtrauen gegenüber dem Meer nachgesagt. Sciascia schreibt dazu: »(...) diese große Mittelmeerinsel scheint in ihrer Art, in ihrem Leben ganz nach innen gewandt zu sein, angeklammert an Hochebenen und Berge, darauf bedacht, sich dem Meer zu entziehen und dieses hinter einen Vorhang von Anhöhen oder Mauern zu verbannen, um sich der möglichst vollständigen Illusion hingeben zu können, das Meer gebe es nicht (...). Was soviel heißt, wie den Kopf in den Sand zu stecken: das Meer nicht zu sehen, damit es uns nicht sieht. Aber das Meer sieht uns. Auf seinen Wogen trägt es von allen Seiten alle Arten von Invasoren an unsere Strände.« In manchen Städten wie Palermo oder Porto Empedocle hat man tatsächlich das Gefühl, vom Wasser abgeschnitten zu sein, obwohl es zum Greifen nahe ist; großzügige Flaniermeilen sucht man jedenfalls vergebens.

Wirklich bedrohlich aber ist immer noch ein Berg, der Ätna. In den letzten Jahren ist der größte aktive Vulkan Europas mehrfach ausgebrochen. Der Ätna ist letztlich schuld daran, daß ich Sizilien schon in frühen Jahren verfallen bin. Als ich sieben war, schickten meine Eltern mir immer neue Urlaubspostkarten aus Taormina, beklebt mit bunten Zwanzig-Lire-Briefmarken. Und immer wieder war auf der Rückseite der Vulkan, der große Feuerspucker, zu sehen. Mal loderten seine Flammen hoch in den Himmel, mal kroch die Lava als dicke rote Suppe den Berg hinunter – mit jeder Karte wurde die Gruselfaszination größer. Und bis heute kann ich mich nicht satt sehen, wenn ein paar Rauchwolken über dem Gipfel aufsteigen. In Taormina schaue ich jeden Morgen nach, was der Berg gerade tut: ob er raucht oder glimmt, ob er in einem Wolkenbett verschwunden ist oder sich mächtig aus den Tälern erhebt. Mein Begrüßungs-Ritual wiederhole ich regelmäßig, als müsse ich dem Berg einen Tribut zollen. Komme ich aus Palermo oder Trapani nach Catania zurück, nicke ich ihm unwillkürlich zu, und so kann ich ganz gut mit ihm leben. »Gigante buono«, gutmütiger Riese, nennen die Einheimischen ihren Vulkan. Wahrscheinlich braucht man solche Beschwörungsformeln, wenn man auf der Insel des Lichts und der Schatten glücklich werden will.

Taormina oder der Verführer von gestern

Wenn die Dunkelheit den Horizont geschluckt hat, gehört die *Piazza IX Aprile* den verliebten Paaren. Das war schon immer so und gilt für jede Jahreszeit. Die Piazza mit Ätna-Blick, hoch über dem Meer gelegen, ist eine klassische Kulisse, und wer hier steht und küßt, gibt seiner Leidenschaft etwas Endgültiges. Zumindest für eine Nacht. Im Winter beginnt die Dämmerstunde bereits um vier Uhr nachmittags, gegen fünf sind die Konturen des Ätna verblaßt, und vor dem *Café Mocambo* gehen die Lichter der schmiedeeisernen Laternen an. In dicken Jacken stehen die Pärchen auf dem berühmtesten Platz Taorminas, dort, wo sich der *Corso Umberto* zum Meer hin öffnet. Die Dezember-Luft ist lau, und so haben die Verliebten ihre Jacken aufgeknöpft und die Wollschals abgenommen. Automatisch drehen sie sich in Richtung Ätna, um nachzusehen, ob der Vulkan im Dämmerlicht züngelt.

Die *Piazza IX Aprile*, Balkon zwischen Stadt und Meer, ist auch ein Platz der Erwartung. Manche Touristinnen stehen ganz allein an der Brüstung und schauen auf das Wasser. Vielleicht hoffen sie, daß der warme Winterabend doch noch mit jenem Abenteuer endet, das Amore heißt und natürlich nicht tragisch ausgehen darf. Eine junge Engländerin sitzt auf einer Bank und hat ein Picknick ausgebreitet, bedächtig ißt sie Käse und Oliven. Dann geht sie quer über die Piazza, abwartend, ohne Eile, und ich setze mich auf ihren Platz. Auf dem Meer tanzen kleine Schaumkronen, in der Ferne blinkt ein Fischerboot, der Ätna ist in Dunkelheit getaucht. Gestern noch habe ich gegen Mitternacht ein Feuer gesehen: Obwohl es nur eine kleine Flamme war, als hätte jemand ein Feuerzeug angeknipst, fand ich es aufregend. Ob das Feuer heute nacht wiederkommt? Eine Gruppe von Italienern stellt sich vor die Brüstung, alle schlecken an ihrem Gelato und warten, daß der Vulkan ein Zeichen gibt – vielleicht passen Eis und Feuer einfach nicht zusammen. Auf der *Piazza IX Aprile* kann man stundenlang sitzen und schauen – wie auf einer Bühne treten ständig neue Darsteller auf und ab. Wer hierherkommt, spürt die Nähe der Elemente und darf sich aussuchen, ob er seine geheimen Wünsche dem Feuer oder dem Wasser anvertrauen will. Keine Frage, die *Piazza IX Aprile* ist einer der schönsten Plätze Siziliens.

Seit knapp 150 Jahren zieht Taormina – manche nennen es auch das St. Tropez Siziliens – Künstler, Adelige und sonnensüchtige Snobs in seinen Bann. Jahrhundertelang war der Ort am Fuß des Monte Tauro vor allem strategisch wichtig. Einst siedelten an dieser Stelle die Sikuler, dann kamen die Griechen und bauten in den Berg hinein das Halbrund des Theaters – ohne zu ahnen, daß es gut 2000 Jahre später ganz oben auf der Bestsellerliste der italienischen Sehenswürdigkeiten stehen würde. Die Römer vergrößerten die Spielstätte und veranstalteten hier ihre blutigen Gladiatorenkämpfe. Später folgten Byzantiner, Araber und Normannen, die Spanier errichteten mehrere prächtige Paläste, unter den Franzosen verfiel die Ansiedlung zunehmend. Ein Deutscher war es, der Taormina in den sechziger Jahren des 19. Jahrhunderts schließlich berühmt machte: der Maler

Otto Geleng. Er schuf herrliche Landschaftsbilder aus der Umgebung Taorminas und stellte sie in Paris aus. Die Besucher zweifelten an der Authentizität seiner Bilder – wie sollte es möglich sein, daß vor dem Hintergrund eines verschneiten Vulkangipfels die Mandelbäume blühen? Geleng konterte, jeder könne sich an Ort und Stelle davon überzeugen, daß die Bilder der Realität entsprächen, wenn nicht, würde er die Reisekosten erstatten. Einige Neugierige machten sich tatsächlich auf den Weg – und wurden nicht enttäuscht. Geleng quartierte sie in einem Haus ein, das er »Hotel Timeo« nannte (das »Timeo« wurde später das exklusivste Hotel am Platz). Bald sprach es sich herum, daß Taormina so etwas wie ein Zipfel Arkadiens war. Der Fotograf Wilhelm von Gloeden lichtete hier junge Männer ab, die er zu antiken Jünglingen stilisierte. Heute ist Taorminas Klientel dagegen nicht mehr so ausgesucht – auch wenn das *Grand Hotel Timeo*, das lange Zeit geschlossen war, seit kurzem wieder aufgemacht hat.

Die Papagalli, die auf der *Piazza IX Aprile* seit Urzeiten ihre Jagdgründe haben, erkenne ich daran, daß sie niemals stehenbleiben, sondern auf und ab flanieren, in sanfter Bewegung und scheinbar gleichmütig. Für kurze Zeit verlieren sie sich auf dem Corso, um dann, wie zufällig, wieder auf die Piazza gespült zu werden. Schon seit einer Weile fällt mir ein Endfünfziger mit frühlingsgrünem Jackett und bunter Krawatte auf. Wahrscheinlich habe ich ihn eine Sekunde zu lange angesehen, jetzt lenkt er seine Schritte in meine Richtung und stellt sich mir als Giuseppe – »Pippo« – vor. Er hat eine schöne tiefe Stimme und schwungvoll nach außen gekämmte

Locken. Wenn er mal der Don Giovanni von Taormina war, an dem die Frauen wie die Fliegen klebten, muß das schon länger her sein. »Darf ich mir erlauben, Sie zu einem Cappuccino einzuladen?«, sagt er förmlich, und weil ich neugierig bin, wie er seine Rolle weiterspielt, begleite ich ihn ins *Café Mocambo* gegenüber.

Als wir auf das gut gepolsterte Sofa in der Ecke zusteuern, sind viele Augen auf uns gerichtet: Die Schickeria von Taormina ist hier versammelt, ziemlich grelle Typen; die Frauen tragen knallroten Lippenstift, die Männer dunkle Sonnenbrillen. Sie sitzen an kleinen Tischen und schauen in die Runde, palavern, trinken, lästern und werden ausgelästert, unter ihnen entdecke ich als Gäste auch Sigmund Freud und Albert Einstein. Alle, die hier an ihren Gläsern nippen, wirken erstaunlich lebendig, dabei posieren sie nur auf dem großen Wandbild, das der Besitzer des Lokals in den siebziger Jahren anfertigen ließ. Der Künstler heißt Christian Bernard, und seine schräge Spielerei, mit der er nonchalant Freud und Einstein herbeizitiert, ist sehr gelungen. Das waren noch Zeiten, als im *Mocambo* rauschende Feste gefeiert wurden, vor dreißig, vierzig Jahren ...

Mein Gegenüber zwinkert mir zu, als ob er den Regieanweisungen einer Boulevard-Komödie folgt, und offenbar hat er keinen Zweifel daran, daß ich ihn unwiderstehlich finde. Solche Typen, denke ich, kann es nur in einer Stadt wie Taormina geben, die auch ein bißchen von ihrer Vergangenheit lebt. Pippo war früher Bankangestellter in Catania, erzählt er, jetzt ist er Rentner und geschieden, in Taormina fühle er sich sehr viel wohler als in der Großstadt. Seine Arbeit mochte er nie –

»im Grunde meines Herzens liebe ich die schönen Künste und die Literatur«. Ob das stimmt, oder will sich Pippo nur bei mir einschleimen? »War nicht der berühmte englische Schriftsteller – Hemingway – auch im *Café Mocambo*?«, frage ich harmlos. Pippo geht nicht in die Falle. »Hemingway war Amerikaner und, soweit ich weiß, nicht hier. Aber alle anderen kamen nach Taormina: Liz Taylor, Richard Burton, Alain Delon, Vittorio Gassman. Die goldenen Zeiten sind leider vorbei.« Bedauernd zieht er die Stirn in Falten, und ich bin mir nicht sicher, ob er nicht vor allem sein eigenes Leben meint. Zum Schluß ringt er mir das Versprechen ab, morgen zur selben Zeit ins *Café Wunderbar* zu kommen – er wolle mir etwas Wichtiges geben. »Bei schönem Wetter sollten Sie unbedingt ins *teatro greco* gehen, der Blick ist zum Sterben schön.« Er deutet einen Handkuß an, den er schon oft geübt haben muß, und die Schickeria von Taormina sieht ihm dabei zu.

Als ich den *Corso Umberto* entlanggehe, grübele ich, welchen Köder er wohl hat, und beschließe, morgen nicht ins *Café Wunderbar* zu kommen – garantiert gehört er zu der Sorte Sizilianer, die man nie wieder los wird. Vielleicht hat er ein Souvenir aus Lava für mich gekauft, denke ich, als ich in das Schaufenster eines Ladens blicke, wo ganze Rudel schwarzer Tiere aufgebaut sind. Damit die Katzen, Eulen, Elefanten und Mäuse nicht zu finster wirken, sind sie mit einem Goldhauch übersprüht. Auch die Madonna ist in Lava gegossen: Sie thront in der Mitte eines kleinen Schreins, umkränzt von Plastikblumen. Daneben lehnt, ganz selbstverständlich, die Lava-Büste des jugendlichen Duce. In einem anderen Schaufenster liegen dicke Auberginen-Scheiben auf weißen Tellern, sie sehen aus, als wären sie reichlich mit Olivenöl getränkt. Auch die Tortellini mit rosa Speckwürfeln springen mir fast in den Mund, aber vielleicht ist das goldgelbe Salami-Panino schneller? Über all dem Essen liegt ein unnatürlicher Glanz – Marzipan plus Farbstoff heißt die Formel. Im selben Laden wird zum Wegspülen der *Fuoco dell' Etna* verkauft, eine flammend rote Flüssigkeit, die bis zu siebzig Prozent Alkohol enthält. Taormina, das in der Saison wahre Lavaströme von Touristen zu verkraften hat, ist mit seinen Edel-Boutiquen, Schmuck-Tempeln und Kitsch-Klitschen längst jenseits von gut & ursprünglich – heillos überzuckert wie die Marzipan-Früchte hier. Trotzdem gibt es immer wieder Plätze, die so schön sind, daß es einem den Atem nimmt – vor allem, wenn der Ätna mit im Blick ist.

Am nächsten Morgen steht keine einzige Wolke über dem Vulkan, die schneebedeckte Kuppe ähnelt einem angebissenen Negerkuß. Ein blauer Himmel wie aus Glas spannt sich über die Küste, Kalabrien ist nur einen Steinwurf entfernt. Mit der Kabinen-Seilbahn fahre ich nach Mazzarò hinunter, dem Strand von Taormina. Die Fahrt dauert nur ein paar Minuten, und das glitzernde Meer rückt schnell näher. Zwei Pärchen liegen an diesem Sonntag im Badedreß auf dem Kieselstrand. Gestern abend haben sie sich noch in dicken Jacken auf der *Piazza IX Aprile* dauergeküßt, jetzt, in der Mittagssonne, fallen die Hüllen. Ich hoffe nur, daß sich Pippo nicht hierherverirrt hat, um im Schatten eines Fischerbootes zu spannen, aber kein buntes Jackett ist weit und breit zu sehen. An einem Boot glitzert ein »Buone feste«-Schild, ein Gruß an die Strandgänger, die wie ich vergessen haben, daß in drei Wochen Weihnachten ist. In der geschützten Bucht von Mazzarò hat man mitten im Winter einen Hauch von Sommer und dazu noch die völlige Ruhe. Ich nehme ein paar Kieselsteine in die Hand, die auch jetzt noch ein bißchen Wärme gespeichert haben. Am Ufer lecken kleine Wellen an den Steinen und nehmen einen Teil ins Meer zurück, ein beruhigendes, langgezogenes Klappern, das man im Sommer nie hören kann, weil es von Transistorradios übertönt wird. Die meisten Boote sind mit Plastikplanen zugedeckt, dazwischen streift eine Katze herum. Auf die Essensreste der Restaurants muß sie jetzt verzichten, die Saison ist beendet, nur oben in Taormina sind einige Hotels ganzjährig geöffnet. Vor rund hundert Jahren, bis in die Dreißiger hinein, war es umgekehrt: Taormina lockte mit milden Wintertemperaturen die wetterfühlige High Society aus den nördlichen Ländern. Manche Geldadelige ließen sich sogar mehrere Monate auf dem Balkon des Ionischen Meeres nieder. Der Sommer war dagegen in touristischer Hinsicht out – zu heiß.

Als die Sonne ihren höchsten Punkt überschritten hat, fahre ich mit der Seilbahn, der Funivia, zurück nach Taormina, wo die Luft um einige Grade kühler ist. Der Ort leuchtet im Weichzeichner des frühen Nachmittags – auch im *teatro greco* müßte das Licht jetzt schön sein. Vielleicht sollte ich Pippos Rat folgen, der Eingang zum Theater ist ganz in der Nähe der Seilbahnstation.

Das Beeindruckende am griechischen Theater ist, daß es der Postkartifizierung standhält, kein Gefühl von Déjàvu aufkommt. Vielleicht liegt das auch daran, daß der erste Eindruck enttäuschend ist: Wer die Bühne betritt, hat den Ätna im Rücken und vor sich die Sitzreihen, von denen viele grasüberwuchert sind; ganz vorn stehen einfache Holzbänke. Als ich die flachen Stufen hochsteige, versuche ich, mich nicht umzudrehen – von oben ist der Eindruck am stärksten. Die Römer haben damals die Aussicht auf den Vulkan einfach zugemauert und sich damit ein für allemal als Banausen disqualifiziert. Heute geht der Blick in die Weite: von der Bühne über sanft geschwungene Hügel bis zum schneebedeckten Ätna. Je länger ich hier sitze, desto leichter fühle ich mich. Es gibt nicht viele Orte, an denen man meint, einen Funken Ewigkeit zu spüren.

»Ciao.« Eine Männerstimme ruft, ganz leise, fast beschwörend, und im ersten Moment denke ich, daß Pippo hinter mir steht. Erst beim zweiten »ciao« begreife ich, daß ein italienischer Tourist auf der Bühne gerufen hat. Seine Stimme dringt mühelos bis zur obersten Sitzreihe hoch – die Akustik ist überwältigend. Hinter der Bühne liegen ein paar runde Steinblöcke, verstreut und ungeordnet, als wären die Säulen eben erst eingestürzt. Eine ganze Weile sauge ich die Bilder auf, lange noch sollen sie halten, länger als das Stück von dem Parmesankäse-Rad, das ich auf dem Wochenmarkt gekauft habe. Ein kühler Wind bläst jetzt vom Meer herüber, und auf dem Fuß des Ätna liegt ein Wolkenband.

Um vier, wenn sich ein erster Graufilter über den Himmel legt, macht das Theater dicht – Winterzeit. Als ich zum Ausgang gehe, sehe ich Pippo an der Pforte stehen, offenbar will er mich abfangen. Wie gut, daß sich in diesem Moment eine laute Touristengruppe an mir vorbeischiebt. Schnell schlüpfe ich bei den Amerikanern unter und lasse mich von ihnen in Richtung *Corso Umberto* davontragen. »Taormina is marvellous, isn't it?« Ich nicke. Niemals hätte ich gedacht, daß ich mich in einer Reisegruppe so wohl fühlen könnte.

Als ich am nächsten Morgen mit dem Bus den Berg herunterfahre, bange ich, ob Pippo am Ende noch am Bahnhof auftaucht. Bestimmt ist er kein Frühaufsteher, denke ich. Unten angekommen, setze ich mich in einen der Jugendstil-Wartesäle – eine Reverenz an die österreichische Kaiserin Elisabeth, die hier einst zu Besuch kam. Auch einen Wartesaal der ersten Klasse gibt es, aber keinen einzigen Besucher. Mit ihren kunstvoll-filigranen Stühlen und dem matten Licht haben die Säle etwas Museales, und so hält es mich nicht lange. Ein Aufseher erklärt mir umständlich den Weg zu meinem Bahnsteig, und als er merkt, daß ich ihn nicht verstehe, führt er mich direkt über die Gleise. Was ist mit dem Verbotsschild? Kein Problem, der Bahnhofschef trinkt gerade einen Cappuccino und kann uns nicht sehen, sagt der Mann und lacht, offensichtlich hat er Spaß an seinem anarchischen Akt. In Sizilien habe ich häufiger erlebt, daß der Respekt vor Autoritäten nicht sehr groß ist.

Auf dem Bahnsteig ranken aus riesigen Bottichen Kaktusfeigen, die Sonne scheint mir direkt ins Gesicht, das Meer ist gleich gegenüber. Zwei Stunden Verspätung, sagt eine scheppernde Lautsprecher-Stimme. Die Wärme macht mich träge, Ungeduld kostet nur Energie. Noch nie habe ich mit einem solchen Panoramablick auf einen Zug gewartet, schon deshalb ist der Bahnhof von Taormina einer der schönsten Italiens. Eine Stunde später bimmelt ein Glöckchen, lange und aufgeregt. Ein Regionalzug kriecht im Schneckentempo die Küste entlang, um schließlich am Nachbargleis zu halten. Ähnlich wie hier, denke ich, muß es in der Anfangszeit der Eisenbahn zugegangen sein, und wer sizilianische Langsamkeit entdecken möchte und vom Rummel auf dem Corso genug hat, ist an der Stazione von Taormina richtig. Als mein Zug schließlich einfährt – Pippo ist glücklicherweise nicht aufgetaucht –, bin ich fast enttäuscht, daß er nicht noch mehr Verspätung hat.

Syrakus und die unheilige Lucia

»Meinen Sie, das Kaninchen ist noch gut?« Signora Messina hält mir einen Kopf vors Gesicht. Es ist noch recht früh am Morgen, gerade neun Uhr, und in den vergangenen Tagen hat sie bereits mit ähnlichen Vorstößen an meiner Tür geklingelt. Zwar habe ich mich nur für kurze Zeit in dem Mietshaus in der *Via Mirabella* einquartiert, doch die Signora hat mich gleich als neue Nachbarin adoptiert. »Meine Nase wird im Alter immer schlechter«, sagt sie, »leider«. Ich nicke, alles in Ordnung. »Ist ja auch ziemlich kalt für Dezember, da kommt so schnell nichts um.« Drei Paar handgestrickte Socken hat sie übereinandergezogen, wenn es noch kälter wird, zieht sie ein viertes darüber. An heißen Tagen geht Signora Messina unten ohne, und so ist sie ein zuverlässiger Wetterindikator für die anderen Hausbewohner. »Grazie. Und jetzt ab in den Topf.« Signora Messina fuchtelt mit dem Kaninchen herum. Dann sagt sie, ich soll sie am späten Nachmittag auf einen *limoncello* besuchen, ihre Tochter Lucia sei auch da. Lucia, ja genau, wie die Schutzheilige von Syrakus, die auf dem Domportal steht. »Meine Tochter ist natürlich viel schöner.«

Die *Via Mirabella*, in der die Familie Messina seit mehreren Jahren wohnt, ist eine kleine Straße in der Altstadt von Syrakus. Von den alten Häusern bröckelt der Putz, frische Farbe sieht man hier selten, und an vielen Wänden hängt ein Schild mit der Aufschrift »Vendesi«, zu verkaufen. Auch die rund dreißig Kirchen sind etwas heruntergekommen, ohnehin stehen sie im Schatten des berühmten Doms mit seiner ausladenden Barock-Fassade. In den siebziger Jahren ist über Syrakus ein regelrechter Bauboom niedergegangen, so daß im Westen, jenseits der Altstadt, viele Neubauten entstanden. Ortigia, die sogenannte »Wachtelinsel«, die die Form eines ausgebreiteten Vogels hat, wurde mehr und mehr sich selbst überlassen, und viele Bewohner wanderten aus dem ursprünglichen Herzstück der Stadt ab. Immerhin hat die EU für die Altstadt-Sanierung Geld lockergemacht, und vor allem junge Leute, die bei der Instandsetzung selbst Hand anlegen, zieht es wieder in die Altstadt.

Der *Ponte Nuovo* verbindet Neustadt und Altstadt miteinander, und hat man erst mal die Brücke Richtung Ortigia überquert, ist die Welt eine andere. Immer wieder zieht es mich in die schmalen, mäandernden Gassen, wo ich in die Romantik der kleinen Geschäfte und Handwerksbetriebe eintauchen kann, von denen man meint, sie könnten im 21. Jahrhundert gar nicht mehr existieren. Dunkle Tabacchi-Läden, wo im Schein des Neonlichts Zigaretten, Rasierpinsel und Schreibhefte verkauft werden. Buchbindereien, in denen sich angestaubte Wälzer stapeln, die auf ein Lifting warten. Ein Reparaturbetrieb für Stühle, in dem ein alter Signore mit seinen viel zu langen Hosenbeinen durch den Laden schlurft und nach einem passenden Seil sucht. Auf einem Stuhl steht ein Kofferradio – Beniamino Gigli singt italienische Opernarien, so laut, daß kein Gespräch mit dem Ladenbesitzer möglich ist, dafür begleitet mich seine Musik noch ein paar Gassen weiter. Schließlich stoße ich auf eine Laden-Werkstatt, vollgehängt mit wunderschönen handgefertigten Marionetten. Der Inhaber, ein junger Mann mit schwarzem Kinnbart, zeigt mir eine seiner raffiniertesten Figuren: die Hexe Alcina, eine Verwandlungskünstlerin, die sich den Männern schön und verführerisch zeigt, in Wirklichkeit aber – eine Körperdrehung später – häßlich ist. Früher, als es noch kein Fernsehen gab, war das Puppenspiel in Sizilien sehr beliebt, erzählt der Inhaber. Womöglich dienten die Stücke, in denen christliche Paladine gegen blutrünstige Sarazenen kämpfen, den Zuschauern als Ventil: Zumindest auf der Bühne siegt das Gute über das Böse, während Sizilien in der Realität ständig gegenüber verschiedensten Besatzern unterlag. In dem schummerigen Laden starren mich die unzähligen Ritter, Könige, Prinzen und Jungfrauen erwartungsvoll an, als wollten sie sofort bespielt werden, und fast habe ich ein schlechtes Gewissen, daß ich sie nicht erlösen kann.

Wenn man in Ortigia einmal nicht dem Gewirr der Gassen folgt, sondern konsequent in eine Richtung geht, blitzt einem plötzlich das Meer entgegen. An der Hafenpromenade kann man sich in einem der kleinen Cafés niederlassen oder über die rostige Brüstung beugen und die Wellen beobachten, die gegen die Kaimauer schlagen. An der Quelle der Arethusa, einem kleinen Süßwasserteich unweit vom Meer, trifft sich am Abend die Dorfjugend, tauschen Teenies die ersten Küsse. Völlig ungestört sind sie jedoch nicht: Auf dem Teich, wo wunderschöne Papyrusstauden wachsen, schnattern die Enten, und Touristen machen ihre Fotosessions. Trotzdem ist die Quelle der Arethusa ein idyllischer Ort, einer meiner Lieblingsplätze auf der Wachtelinsel. Wenn ich zu später Stunde die Enten beobachte, die gemächlich ihre Kreise ziehen, oder den Papyrusstauden zuschaue, die im leichten Wind hin und her schaukeln, ist es für mich wie eine Meditation. Der Ursprung der Quelle geht übrigens auf eine sehr poetische griechische Sage zurück: Auf dem Peloponnes war einst der Flußgott Alphaios hinter der Nymphe Arethusa her. Sie floh über das Meer bis nach Sizilien, und in Ortigia verwandelte Artemis sie in eine Quelle. Allerdings gab Alphaios, der ihr gefolgt war, nicht so schnell auf: Seine Wasser flossen hinter ihr her und vermischten sich mit denen der Nymphe.

Am Nachmittag, als die Sonne bereits tief steht und nicht mehr wärmt, gehe ich in die *Via Mirabella* zurück. Meine Nachbarin erwartet mich schon. Ein paar Lokkenwickler stecken noch in ihrem Haar, sie müsse sich doch zurechtmachen, sagt sie, so häufig komme ihre Tochter nicht zu Besuch. Heute ist das Fest der *Immacolata*, der Heiligen Jungfrau, Lucia und ihr Mann wollen bei der Prozession durch Ortigia dabei sein. Sie führt mich in das Wohnzimmer, das sehr aufgeräumt und mit Nippes vollgestopft ist. Auf dem Sofa sitzt Signore Messina, ein schweigsamer Friseur im Ruhestand. Seine Frau prostet mir mit dem giftgelben *limoncello* zu. »Salute!« Vor Jahren haben sie und ihr Mann die Wohnung gekauft, erzählt sie, aus Ortigia ist sie nie rausgekommen. Hier ist sie geboren und aufgewachsen, hier hat sie geheiratet und ihre Kinder bekommen.

Jetzt reicht sie mir die Fotoalben, die schon auf dem Tisch bereitliegen, und ihr Mann zieht sich diskret zurück, er weiß, was jetzt kommt. In den unzähligen Bilderfolgen gibt es nur eine wirkliche Heldin: Lucia, heute

33 Jahre alt, Diplomkauffrau. Die Satelliten, die sie umkreisen, sind immer dieselben: Ehemann, Eltern, Geschwister, ein paar Freunde. Lucia arbeite viel, sagt die Mutter, fürs Kinderkriegen bleibt da keine Zeit. Wie viele junge Sizilianerinnen, die in der Stadt leben, wollte sie unbedingt eine gute Ausbildung bekommen. »So ist das heute«, sagt Signora Messina, und an ihrem Tonfall höre ich, daß sie es nicht selbstverständlich findet. Lucias Hochzeit hingegen hätte kaum traditioneller sein können. Bestimmt haben die Eltern dafür ihr letztes Hemd gegeben, denke ich. In Sizilien ist die Hochzeit immer noch das Fest der Feste. Lucia ist in eine weiße Wolke getaucht, ein regelrecht himmlisches Kleid, die Augen schwarz geschminkt, die dunklen Haare hochgebunden, eine Ringellocke fällt wie zufällig in die Stirn. Der Ehemann wirkt ziemlich farblos – wie ein Statist, der die Rolle des *marito* spielen soll. Wenn Lucia einmal alt ist (und bestimmt nicht mehrere Socken übereinander trägt), gibt es wenigstens diese Fotos. Für sie und für die Nachwelt und, man kann nie wissen, für die Ewigkeit.

Hotel Mamma hat ein weites Herz. Anders als Lucia, die im modernen Teil von Syrakus wohnt, leben die beiden Söhne noch zu Hause. Signora Messina spricht kaum über sie. Claudio, Mitte Dreißig, war längere Zeit arbeitslos, jetzt ist er Sicherheitsmann und bewacht nachts Museen, Büros und Banken. Sein Bruder Giuseppe leidet an Schizophrenie; wenn Besuch da ist, versteckt er sich im hintersten Winkel der Wohnung, nur Signora Messina weiß, wo er ist. Sie ist es, die die Fäden der Familie in der Hand hält, und keiner zweifelt ihre Rolle als Matriarchin an – zumindest in ihrer Generation gehört das zu den Grundgesetzen des sizilianischen Clans.

Das Telefon schrillt. Meine Nachbarin springt auf. An ihrem Gesicht sehe ich, daß es Lucia sein muß. »Sie kommt nach der Prozession direkt zu uns«, sagt Signora Messina glücklich und legt den Hörer auf die Gabel. »Vergessen Sie nicht zu kommen.«

Am frühen Abend ist die ganze Altstadt in Aufruhr und das beschauliche Ortigia kaum wiederzuerkennen. Die Menschen fluten durch die Straßen, die Autos sind verbannt und die engen Gassen verstopft. Wer in einem *vicolo*, einer kleinen Straße, eingekeilt ist, muß Geduld haben. Manche Händler stehen vor der Tür ihres kleinen Ladens, um das Spektakel besser sehen zu können. An den Straßenecken sind Buden aufgestellt, wo es Bonbons, Liebesperlen, Mandeln und Nüsse zu kaufen gibt. Lebensmittelläden bieten Kostproben an – Pistazienkekse, Pecorino, Büffelsalami und Wein –, die von den Verkäuferinnen auf Tabletts durch die wogende Menge geschwenkt werden. Viele Großfamilien sind unterwegs. Die Kinder bekommen Gummibälle, an denen Glöckchen klirren, oder gasgefüllte Luftballons, die sich nach kurzer Zeit in den Himmel verabschieden. Die Erwachsenen sind festlich gekleidet wie zu einer Taufe, und ihre größte Sorge ist es, den Clan zusammenzuhalten, damit weder die Urgroßmutter noch der Kinderwagen verschüttgeht. Alle haben ein großes, gemeinsames Ziel: die allerheiligste Jungfrau, die *Immacolata*, zu sehen. Aber wo ist sie?

Aus der Ferne ertönt Marschmusik, die ganz und gar unheilig und nach Polizeiball klingt. Ich gehe über den

Domplatz auf die Kirche zu, die Menschen auf der Eingangstreppe sind sehr klein neben den mächtigen korinthischen Säulen, die sich weit in den Himmel schrauben. Wo ist die Makellose? Sie ist jetzt am Artemis-Brunnen, sagt ein Polizist, und es klingt, als wenn er von einer Kollegin spricht. Die Musik wird lauter, die Menschenmenge dichter. Ich lasse mich treiben, von der ausgelassenen Stimmung mitreißen, die ganze Provinz Syrakus ist auf den Beinen. Und plötzlich sehe ich eine kleine schmale Frau, die über der Menge schwebt, sie steht auf einem blumenbekränzten Podest und ist aus Holz gearbeitet. Hoffentlich hält sie dem lauten Tschingderassassa stand und kippt nicht vom Sockel. Ob der Massenauflauf der Unbefleckten gefällt? Sie wirkt eher hilflos im Gedränge, schließlich feiern die Menschen nicht nur sie, sondern auch sich selbst. Ein religiöses Fest ist in Sizilien ein gewaltiges Spektakel.

Als ich nach einer Weile wieder vor dem Mietshaus in der *Via Mirabella* lande, klopft mir jemand auf die Schulter, und eine Welle von Parfüm schlägt mir entgegen. Ein Lippenstiftmund, rot wie eine Weihnachtskugel, strahlt mich an, er gehört einer Frau in tailliertem Mantel mit Kunstpelzkragen – eine sizilianische Femme fatale, begleitet von ihrem gutmütig dreinblickenden Ehemann. Dahinter steht, wie eine Brautmutter, Signora Messina. »Darf ich vorstellen ...« – der Besuch der Tochter ist für sie der Höhepunkt dieses Tages. Aus der Ferne erklingt noch immer Marschmusik, aber jetzt ist sie nur dazu da, Lucias Auftritt zu orchestrieren.

Wir gehen nach oben in die Wohnung, die mit Lucias Ankunft plötzlich einen Hauch von Luxus bekommt.

Ihrer Mutter reicht sie einen Strauß Strelizien, der aussieht wie ein Schwarm exotischer Vögel – in Sizilien findet man sie in jedem Blumenladen wie bei uns das Bund Nelken. Signor Messina läßt einen Korken knallen und gießt die Sektschalen voll. Seine Frau strahlt, die Tochter lächelt huldvoll, und ich fühle mich, als hätten wir königlichen Besuch. »Laßt es euch schmecken«, sagt Lucia und stellt einen Karton mit Kuchenteilen auf den Tisch. Sie selbst rührt kaum etwas an, sie müsse auf ihre Linie achten, dabei ist sie dünn wie ein Mikado-Stäbchen. Ihre Mutter dagegen langt kräftig zu. Lucia sagt, ich soll mir doch ihre neue Wohnung in der Neustadt anschauen, sie seien jetzt fertig eingerichtet. »Alles vom Feinsten«, assistiert meine Nachbarin. Natürlich verspreche ich, bald zu kommen.

Jetzt reicht Signora Messina ihrer Tochter und mir ein Bildchen, das die *Vergine Maria* zeigt, klein genug fürs Portemonnaie. Die Jungfrau trägt eine Goldkrone und einen aufwendigen Umhang, die Augen sind nach unten gerichtet – Bescheidenheit in der Größe, soll wohl die Botschaft sein. »Ich habe noch mehr Bilder von der *Immacolata*«, sagt Signora Messina, »behaltet sie ruhig.« Mittlerweile habe ich in Sizilien schon so viele Jungfrauen- und Heiligenbildchen bekommen, daß ich ein ganzes Album damit füllen könnte; dort, wo die Armut groß ist, müssen die *santi* häufiger einspringen und die Seele wärmen als anderswo.

Lucia schaut kurz auf die Maria, dann gibt sie ihrem Ehemann ein Zeichen zum Abmarsch. Ein Schwall von Küssen, von Lucia eher gehaucht, während ihre Mutter sie direkt auf die Wange schmatzt. Lucia zaubert ein ultimativ reizendes Lächeln – ich werde es nicht vergessen, Lucia, versprochen. Bei ihrer Mutter, das weiß ich, kommt es aus tiefem Herzen. Schließlich ist heute für sie einer der größten Tage des Jahres, an dem sie ihre beiden Göttinnen feiern kann: die himmlische und die weltliche.

Notos Stadtführer glaubt an Wunder

Vielleicht hätte ich nicht unter der grünen Kuppel der Ficusbäume stehenbleiben sollen, den Blick auf den Stadtplan gerichtet. Vielleicht war es unvorsichtig, dem kleinen Mann mit den zurückgekämmten Haaren zu verraten, daß ich Noto nicht kenne. Giovanni, Anfang Fünfzig, ist ganz plötzlich unter dem Ficus-Dach aufgetaucht, in dem die Spatzen rumoren. Womöglich hat er sich einfach aus dem dichten Blattwerk herabgleiten lassen. Jedenfalls kommt er gleich zur Sache: »Wollen Sie Noto besichtigen? Ich bin Stadtführer und führe Sie gern herum.«

In Deutschland habe er ein paar Jahre als Koch und Kellner gearbeitet und überhaupt in seinem Leben schon so viele Jobs gemacht wie kaum ein anderer, die Zahl übertreffe die der italienischen Nachkriegsregierungen bei weitem. Postbote, Klempner, Lagerarbeiter, Taxifahrer, Lottoverkäufer, Erntehelfer, Chauffeur – »und das ist nur eine kleine Auswahl. Ich bin anpassungsfähiger als jedes Chamäleon. Mein Vater war ein armer Ölbauer in der Umgebung von Syrakus, ich mußte mich frühzeitig durchschlagen.« Ich habe in Sizilien schon viele Leute getroffen, die von einem Job zum anderen springen – kein Wunder bei der hohen Arbeitslosigkeit –, aber Giovanni bricht alle Rekorde. »Kommen Sie, Noto ist die schönste Stadt Siziliens, man muß sich Zeit nehmen.«

Mit seinen dunklen, tiefliegenden Augen nagelt er mich fest, der Redefluß ist wie ein Wasserstrahl, der sich nicht abstellen läßt, und seine Stimme hat etwas von streichzartem Honig. Als wir die Prachtstraße, den *Corso Vittorio Emmanuele,* entlanggehen, denke ich, der Klang paßt gut zu dem wunderschönen Grundton der Stadt: ein warmes Gelb, in dem Kirchen und Paläste von innen heraus zu leuchten scheinen, sobald die Sonne auf sie fällt. Ein versöhnlicher Farbton, häufig etwas ausgewaschen, der einen zunächst über leere Fensterhöhlen und angefressene Ornamente hinwegsehen läßt. Und einen mit der Tatsache aussöhnt, daß die halbe Stadt *in restauro* ist – die sizilianische Krankheit schlechthin. Der weiche, höchst anfällige Kalkstein läßt den Eindruck von statischer Monumentalität gar nicht erst aufkommen.

»Noto war komplett zerstört und ist dann ganz neu aufgebaut worden.« Giovanni erzählt von dem Erdbeben im Jahr 1693, das die Stadt so stark verwüstete, daß eine Restaurierung zwecklos war. Und von der Neugründung rund zehn Kilometer südöstlich, Richtung Meer. »In dieser Zeit begann der Größenwahn, Signora: Die berühmtesten Architekten eilten herbei, um die Stadt auszustaffieren wie eine Königin.« Das bedeutet: barocker Protz in allen Klöstern, Kirchen und Adelspalästen, Effekt und Schein werden auf die Spitze getrieben. Zwar ist alles eitel und vergänglich, lauert hinter dem irdischen Taumel das Nichts, doch der Sog, der von dieser dynamisch-rauschhaften Architektur ausgeht, täuscht zunächst darüber hinweg. »Großartiger kann eine Auferstehung kaum sein, nicht wahr?« Giovanni badet förmlich in der Schicksalsgeschichte der Stadt. In Sizilien ist ein solches Pathos nicht ungewöhnlich, das Wort »destino« wird hier so selbstverständlich gebraucht wie

»aqua« oder »pane«. Bestimmt liegt die Schicksalsgläubigkeit der Leute daran, daß sie durch die ständig wechselnden Besatzer immer das Gefühl hatten, Sizilien sei ein Spielball der Geschichte.

Heute, erzählt Giovanni, leben nur noch wenige Adelige in dem »Garten aus Stein«, wie Noto auch genannt wird. Als wir vor dem berühmten Dom *San Nicolò di Mira* stehen, erzählt er von dem »größten Unglück« in Notos jüngster Vergangenheit: 1996 stürzte die Kuppel ein, die schon seit längerem hätte restauriert werden sollen. »Ein Riß ging durch das Herz dieser großartigen Barockstadt, Signora. Der Wiederaufbau kommt leider nur schleppend voran.«

Tatsächlich ist im Moment von der Kirche kaum etwas zu sehen, überall Baugerüste und Bretter. Ein Hochhaus im Rohbau, könnte man meinen, eben noch ragt das Kreuz zwischen den Kränen hervor. Ein Schild weist darauf hin, wann die Bauarbeiten abgeschlossen sein sollen. »Wir alle hoffen darauf. Die Kuppel ist doch so etwas wie das Entree zum Himmel, oder?« Wir gehen weiter zur *Chiesa San Francesco*, und Giovannis Augen leuchten. »Sehen Sie dort das Hochzeitspaar, das jetzt aus der Kirche kommt. Die Brautleute sind noch betäubt von der Zeremonie, nun schreiten sie die gewaltige Freitreppe hinunter. Welch eine Kulisse, um zu heiraten, finden Sie nicht?« Ich folge seinem Blick, kann aber kein Hochzeitspaar entdecken. »Natürlich sehen Sie es nicht, Sie müssen es sich vorstellen. In Noto ist nicht alles perfekt, jeder weiß das, aber wozu haben wir Fantasie?« Giovanni redet weiter und weiter, seine Süßholz-Stimme hat etwas Einschläferndes. Es gelingt ihm, mit Worten Zuckerwatte zu spinnen, die sich über die Risse und Löcher im Kalkstein legt. Und so habe ich unter seiner Führung tatsächlich das Gefühl, Noto sei die schönste Stadt Siziliens.

Vor dem *Palazzo Villadorata,* der in einer Querstraße zum Corso liegt, hebt Giovanni die Stimme: Wir stehen vor dem berühmtesten Palast der Stadt. Unter den schmiedeeisernen, gewölbten Balkonen tummeln sich Fabelwesen mit wehenden Haaren, die Schultern sind nach vorn gerichtet, die Arme gerade nach hinten, als wären sie schon im Flug. Andere Fabeltiere pusten mit weit geöffneten Mündern Dampf in die Frühjahrsluft, und Zentauren galoppieren geradewegs in den Himmel. Zuschauer haben sie auch: Putten mit lockenumkränzten Köpfen und wohlgenährten Gesichtern wie in der Barilla-Reklame, eingerahmt von Blättern und Girlanden. Soviel in Stein gehauenes Leben habe ich selten gesehen, ein großartiges Schauspiel. Schade, daß der Palazzo nicht zu besichtigen ist. »Sehen Sie den alten Signore, der auf dem Balkon über Ihnen steht? Das ist der Hausherr, Baron Nicolaci. Der Festsaal in seinem Palast ist von einer Leichtigkeit, als würde er gleich in die Wolken abheben. Ich weiß nicht, wie viele Feste hier schon gefeiert wurden. Es muß lustig sein, mit so vielen Fabeltieren zusammenzuleben, finden Sie nicht?« Der Balkon ist leer, niemand schaut über die bauchige Brüstung. Ich starre nach oben, höre das Geplätscher von Giovannis Stimme, und allmählich wird mir wirr im Kopf. Ich setze mich auf einen Mauervorsprung, den Rücken gegen die Wand gelehnt, schließe die Augen, ein paar Sekunden, Minuten, ich weiß es nicht.

Als ich aufwache, ist es ganz still um mich herum. Mit den Augen suche ich die Straße ab, zur Sicherheit schaue ich auch zum Balkon hinauf. Mein Stadtführer ist verschwunden. Hat er gesagt, daß er weggehen würde, habe ich etwas überhört? In Noto scheint es leicht zu sein, aus dem Nichts aufzutauchen und wieder zu verschwinden.

Es ist spät am Mittag, die Stadt liegt in einem sanften Dämmerschlaf, einzig die steinernen Fabeltiere sind in Bewegung. Ich gehe den Corso entlang, vorbei an den vielen Bauzäunen, kein Hämmern ist um diese Zeit zu hören, die Zementmischmaschinen stehen still. Ein Palast gleich neben dem *Teatro Emmanuele* ist stellenweise von Moos überzogen, und das Gelb verblaßt, aus leeren Fenster ranken irgendwelche Pflanzen. Wenn man Noto einfach vor sich hin bröckeln ließe, wäre die Stadt in hundert Jahren eine grüne Wildnis. An der Piazza gegenüber vom Theater stehen ein paar Bänke, ideale Logen, von denen sich der Corso in beide Richtungen überblicken läßt. In einer Bar kaufe ich ein Panino und Quarktörtchen und setze mich auf die nächste Bank in der Sonne. Nach und nach kommen die alten Männer von ihrem Mittagsschlaf zurück, fast alle tragen karierte Schirmmützen. Jeder scheint seinen festen Platz auf einer Bank zu haben, und wer nicht sitzt, palavert stehend in zweiter Reihe. Frauen sind nicht darunter; daß sie allein, ohne Begleitung ihres Clans, nach draußen gehen und debattieren, ist jenseits der großen Städte immer noch die Ausnahme.

Auch vor dem *Teatro Emmanuele* – ein harmonischer, lichtdurchfluteter Bau mit ionischen Säulen – kehrt langsam das Leben zurück. Leute verschwinden im Foyer, um Karten abzuholen, eine Schulklasse lärmt über den Vorplatz. Und plötzlich sehe ich Giovanni, der auf meine Bank zusteuert. »Haben Sie sich ein wenig ausgeruht, gut gegessen?« Er lächelt. »Ich habe Ihnen doch gesagt, daß wir uns nach dem Mittagessen wiedersehen. Der Mensch lebt nicht von Kunst allein.« Wahrscheinlich habe ich ihn mißverstanden. Oder er hat meine Verwirrung ausgenutzt, um sich heimlich zu verdrücken. »Werfen Sie mal einen Blick auf das Theater. Durch die Scheiben sehen Sie den großen Kronleuchter funkeln. Gleichzeitig spiegelt sich die *Chiesa San Domenico* im Fenster, die direkt gegenübersteht. So haben Sie Weltlichkeit und Heiligkeit in einem und den blauen Himmel dazu. Beeindruckend, nicht wahr?« Er hat recht, ein perfektes Zusammenspiel, Noto ist die Stadt der überraschenden Effekte. »Ganz herrlich ist es bei uns im Mai, wenn wir den Frühling mit einem Fest begrüßen. Auf den Straßen legen wir Blumenbilder aus – Mosaike, Wappen, Fabeltiere. Eine wahre Pracht, wenn auch nur von kurzer Dauer, denn am nächsten Morgen ist alles verwelkt. *Così è la vita.*« Bilder für eine Nacht, wunderschön und vergänglich – auch das paßt zu dieser Stadt, die sich immer neu inszeniert.

Giovanni winkt jetzt zwei Touristen zu, die vor dem Theater einen Reiseführer studieren. Offensichtlich ist er schon auf der Suche nach neuen Kunden. Ich nehme das als Zeichen, mich von meinem Stadtführer zu verabschieden, und bezahle. Giovanni streicht die Scheine sorgfältig glatt. »Kommen Sie in fünf Jahren wieder, dann ist die Restaurierung abgeschlossen. Sie werden die Stadt nicht wiedererkennen.« – »So schnell?« frage ich. »Vor uns liegt eine große Zukunft, glauben Sie mir. Es gibt nichts, was in Noto nicht möglich ist.« Giovanni blinzelt, und ich weiß nicht, ob das nur an der Sonne liegt, die ihm gerade direkt ins Gesicht scheint. Erst jetzt merke ich, wie sich das Licht verändert hat. Fast märchenhaft leuchten die barocken Kirchen und Paläste, erheben sich schwerelos über dem Corso. Vielleicht gibt es nur in Noto diese goldene Stunde, von der man hofft, daß sie niemals endet; in der jeder einzelne Stein transparent wird und strahlt. Wer sie nicht abwartet, kennt Noto nicht.

Als ich schließlich wieder unter der grünen Kuppel der Ficusbäume stehe, überlege ich, ob Giovanni tatsächlich an alle Wunder glaubt, die er heute verkündet hat. Wenn auch nur die Hälfte davon stimmt, wäre Noto schon so gut wie gerettet.

Portopalo oder der Marathonläufer Gottes

Don Palacino ist das achte Weltwunder. Jemand, der von einem anderen Planeten stammt oder einfach vom Himmel gefallen ist. Den man unbedingt gut behandeln muß, denn sonst könnte es passieren, daß eine andere Gemeinde ihn wegklaut. Also betet jeder inständig, daß Calogero Palacino da Raddusa, so sein vollständiger Name, in Portopalo bleibt. Sein Leben lang und vielleicht sogar danach – als heilige Wolke. Mehr als zehn Jahre ist er hier, an der äußersten Südostspitze Siziliens, Priester; die Einheimischen, die wie die meisten Sizilianer sehr gläubig sind, sehen ihn als eine Art Schutzpatron. Allerdings ist Don Palacino immer unterwegs und deshalb nicht leicht zu finden – obwohl der Ort kaum größer als eine Nußschale ist.

Portopalo, südlicher als Tunis gelegen, wird auf zwei Seiten vom Meer umbraust. Das Ionische und das Mittelmeer fließen hier zusammen, fast jeder Blick vom Dorf endet auf dem Wasser, und man kann sich jeden Morgen neu überlegen, in welchem Meer man baden möchte. Die Hauptachse, der *Viale Vittorio Emmanuele*, verbindet beide Meere. Damit ist der Corso alles andere als eine stinknormale Dorfstraße, und der gesamte Ort, obwohl unscheinbar im Schachbrettmuster angelegt, hat eine besondere Intimität. Vielleicht schweißen Wasser und Wind die Einheimischen besonders zusammen. Die kleinen Lebensmittelläden und Bars sind Rückzugsorte, in denen man gern etwas länger bleibt und tratscht; auch wer von weit her kommt, fühlt sich hier aufgehoben.

In den Sommermonaten kommt es in Portopalo regelmäßig zur großen Heimsuchung, und die Einwohnerzahl explodiert. Autos verstopfen den Corso, Urlauber entern die Sandbuchten und kleinen Boote, die zur Badeinsel gegenüber fahren. Mitte September sind die meisten Touristen dann wieder verschwunden, 3500 Menschen atmen auf, und das Dorf zwischen den Meeren zieht sich auf sich selbst zurück. Der alte Korbflechter in der Seitenstraße des Corso kann wieder seine lange Siesta halten, und am Abend sitzen die Einheimischen ungestört auf ihren bunten Plastikstühlen und schauen zum Meer Richtung Afrika.

Die Dorfkirche, in der Don Palacino fast jeden Tag Gottesdienst hält, liegt direkt am Corso, zwischen Mietshäusern versteckt. Eigentlich wird man nur auf sie aufmerksam, wenn die Glocken läuten. Der Sonntags-Gottesdienst ist gerade vorbei, viele alte Leute strömen mir entgegen, die Frauen tragen schwarze Stolen über ihren geblümten Sommerkleidern und fächeln sich Luft zu. Der Hochsommer, der einem fast das Gehirn wegbrennt, ist vorbei, aber die Septemberhitze ist immer noch drükkend. Ob ich Don Palacino treffe? In der Kirche sitzen nur noch ein paar Leute. Das Weihwasserbecken am Eingang ähnelt einer Muschel, vielleicht hat das Meer sie direkt hereingespült. Naive Wandmalereien geben dem Ort etwas Familiäres: Wer das Gotteshaus betritt, kommt nach Hause.

Don Palacino ist nicht mehr da und auch nicht in seinem Büro nebenan. Auf einer Kirchenbank sitzt eine ältere Frau mit schwarz gefärbten Haaren und betet. Als sie hochschaut, frage ich sie nach dem Priester, und sofort breitet sich ein Lächeln über ihr Gesicht. »Möge Gott ihn uns noch lange erhalten! Leider schont er sich nicht, obwohl er schon Mitte Sechzig ist.« Nach dem Tod ihres Mannes, erzählt sie, schenkte Don Palacino ihr eine Marienstatue aus Porzellan. »Er ist immer für jeden da, für jeden.« Ich spüre ihr Bedauern, daß sie ihn mit 3499 Gemeindemitgliedern teilen muß. Und wo steckt er jetzt? »Im Moment ist er bei seinen Firmlingen. Dann muß er sein Referat für den Kirchenkongreß vorbereiten.« Wie eine Ehefrau, denke ich, kennt sie den Terminkalender des Priesters. Don Palacino, soviel steht fest, ist der meistbeschäftigte Mann des Dorfes.

Am Sonntag herrscht in Portopalo fast meditative Ruhe. Ein leichter Wind weht vom Mittelmeer herüber, das grell türkis in der Sonne leuchtet, als könnte es niemals anders sein. Vor den Cafés sitzen die Einheimischen, trinken Espresso oder ihren Aperitif vor dem sonntäglichen *pranzo*. Familien flanieren den Corso entlang, die Kinder sind ebenso adrett angezogen wie die Erwachsenen, die alten Frauen haben als Schattenspender Regenschirme aufgespannt.

Über Don Palacino gibt jeder gern Auskunft. Und wundert sich und bewundert, beides zugleich. »Der Priester? Er ist überall und nirgends«, sagt ein junger Mann und gibt dem Flipperautomaten einen Fußtritt. Auch andere Leute in der Bar am Corso mischen sich ein. Don Palacino hat kein Auto und nicht mal eine Vespa. Wenn er irgendwo hin will, nimmt er entweder den Bus oder hält ein Auto an. Er ißt kein Fleisch und keinen Fisch, immer nur Gemüse, nachts schläft er nicht mehr als drei, vier Stunden. Wenn er Trauungen hält, geht er anschließend nicht zur Feier – er mag keinen weltlichen Pomp. Und wo ist Don Palacino jetzt? »Heute morgen habe ich ihn noch gesehen, als er Touristen durch die Totenstadt führte«, sagt der Dorfpolizist. »Aber wer weiß, wo er jetzt ist.«

Die Totenstadt, erfahre ich, liegt am nördlichen Ortseingang. Im dritten Jahrhundert wurden die Gräber in die Felsenhöhlen hineingebaut. Don Palacino ist stolz, daß das abgelegene Portopalo auch archäologisch etwas zu bieten hat, und war bei den Ausgrabungen selbst dabei. Beim Versuch, die Wurzeln eines Feigenbaumes freizulegen, hat er sich am Unterarm verletzt, die Narbe ist noch heute zu sehen. So ist der Priester regelrecht gezeichnet und damit ein wirklicher Held für die Lokalpatrioten. Und dann ist da noch die Oase, von der jeder in der Bar ehrfürchtig spricht, als hätte Gott selbst Hand angelegt. »Vielleicht treffen Sie Don Palacino heute nachmittag dort«, sagt die Frau des Korbflechters und öffnet die Tür der Bar. Sie macht eine vage Handbewegung den Corso hinunter, und ich habe keine Vorstellung, ob ich in die Wüste geschickt werde oder in einen blühenden Garten.

Am Nachmittag balanciere ich zwischen den beiden Meeren auf und ab, bis ich schließlich vor einem Bretterzaun stehe. Eine junge Frau mit einem Kind an der Hand nickt mir zu: »Hier ist der Eingang zur Oase – so nennen wir unseren Meditations-Park. Wenn er fertig ist, kommt der Zaun weg. Wir wollen verhindern, daß Baumaterial geklaut wird. Aber gehen Sie ruhig.« Der Zaun steht einen Spalt weit auf, und ich krieche hinein. Das Gelände ist weiträumig und fällt zum Meer hin ab, viele Sandwege durchziehen es wie feine Adern. Drum herum häßliche Mietshäuser und Rohbauten, die wahrscheinlich niemals fertig werden. Zwischen den Wegen sind Palmen gepflanzt, die wenigen Blätter zerfleddert. In der Mitte ein paar Bambushütten und ein Unterstand, an dem noch gebaut wird. Ein starker Wind ist inzwischen aufgekommen und peitscht den Sand in die Luft.

Ein Mann in grauer Kutte steigt zielstrebig den Hügel hinauf. Der Wind schüttelt ihn, bläht seinen Umhang zu einem Segel auf. Allmählich kommt er näher, er hat einen kantigen Schädel, wenig Haare und buschige Augenbrauen. Die Kutte wölbt sich über seinem runden Bauch, der nicht recht zu dem hageren Kopf paßt. Jetzt kommt eine Böe von vorn, der Mann stemmt sich dagegen, er ist sehr kräftig und sieht aus, als würde er es mit jedem Wind aufnehmen können. Schließlich steht er neben mir und sieht mich belustigt an, während ich versuche, mich so zu drehen, daß der Wind mir nicht ins Gesicht schlägt. »Passen Sie auf, daß Sie nicht weggeweht werden, heute bläst es besonders stark. Sind Sie hergekommen, um die Oase anzuschauen? Wenn Sie wollen, führe ich Sie herum. Ich bin Don Palacino, der Priester von Portopalo.« Er klopft mir freundlich auf die Schulter, er könnte genausogut Viehzüchter oder Gastwirt sein, der sich als Priester verkleidet hat. Ich hatte ihn mir eher durchgeistigt vorgestellt. Ob das Gerücht stimmt, er würde nur Gemüse essen? Immerhin weiß ich jetzt, daß Don Palacino wirklich existiert.

»Es war immer mein Traum, eine Oase anzulegen. Aber es ist wahnsinnig viel Arbeit. Seit Wochen hat es nicht geregnet, an einigen Stellen ist der Boden schon rissig«, sagt der Priester, während wir im Laufschritt die Anlage durchqueren, offenbar hat er wenig Zeit. Früher, erzählt er, war auf dem Gelände eine Müllhalde, und zunächst mußte der Abfall weggeschafft werden. Don Palacino deutet auf eine Reihe von Palmen. »Sie kommen alle aus der näheren Umgebung. Ich habe sie ausgegraben und hier wieder eingesetzt.« Er winkt mich zu einem kleinen Teich. »Seit er fertig ist, sind die Schwalben wieder da – darüber freue ich mich besonders. Sie haben in der Umgebung ihre Nester und kommen her, um Insekten aus dem Wasser zu fischen.« Jetzt drückt er auf einen Schalter, und aus den großen Steinblöcken im Wasser springen Fontänen. Mit einem Mal ist der Teich kein Stilleben mehr, sondern ein Spiel aus gleichförmigen Wasserbögen, die leise vor sich hin plätschern – eine völlig unangestrengte Harmonie. An der einen Uferseite liegt ein Passagierschiff, das auf dem Wasser schaukelt, es ist etwa zwei Meter lang und liebevoll bemalt. »Wer herkommt, soll sich ausruhen«, sagt Don Palacino, während wir im Eiltempo den Teich umrunden. Ob er selbst hier jemals Energien sammelt oder nur welche gibt?

Die Krönung, sagt Don Palacino unermüdlich, wird die neue Kirche sein. Natürlich nicht irgendeine, sondern ein Gotteshaus, das die Form eines Schiffes hat. Der *campanile* soll an einen Leuchtturm erinnern – wozu liegt Portopalo am Meer? Mein Blick schweift über die kahle Fläche, die er für sein Kirchen-Schiff vorgesehen hat. Kein Projekt ist für ihn zu groß, denke ich, er ist der Schöpfer der Oase, so wie Gott die Welt … Fürchtet er nicht, daß ihn irgendwann die Kräfte im

Stich lassen? »Ich entspanne mich gerade dadurch, daß ich verschiedene Dinge tue, ich mag den Wechsel«, sagt der Priester und knetet seine Hände. »Schon als Kind mußte ich viel arbeiten, ich kenne das nicht anders.«

Sein Vater, erzählt Don Palacino, starb an dem Tag, als er vier Jahre alt wurde; die Mutter mußte ihn und die drei älteren Geschwister allein durchbringen. Die Familie lebte in einem Dorf in der Provinz Catania, die Kinder wurden im Stall oder auf dem Feld eingespannt, um ein Zubrot zu verdienen. Calogero besuchte die Volksschule, schlug sich als Bauer und Maurer durch, bis ihm die körperliche Arbeit zu eintönig wurde. Also kehrte er zur Schule zurück, studierte Theologie und arbeitete als Sozialarbeiter in Erziehungsheimen. Vielleicht ist es kein Zufall, daß gerade er, dem die Kindheit gestohlen worden war, sich so sehr für andere Kinder engagiert – heute sind es die Jugendlichen seiner Gemeinde.

Don Palacino bricht ab, ich merke, er spricht nicht gern über seine Vergangenheit. »Haben Sie schon mal von dem heiligen San Corrado gehört? Das ist Notos Schutzpatron, er starb in einer Grotte. Wir haben sie hier nachgebaut.« Der Priester führt mich zu einer Felswand. Als wir davorstehen, sehe ich die Grotte, liebevoll ausgestattet wie eine Weihnachtskrippe. Auf dem Boden liegt ein roter Teppich, an der Wand steht eine Schlafpritsche mit Stroh, daneben ein Ofen, auch Brennholz ist da. In der Mitte sitzt, aus Holz geschnitzt, San Corrado: ein bärtiger Mann in brauner Kutte, die Kapuze hochgezogen, in der Hand hält er ein Kruzifix. Auf einer Tafel sind seine letzten Worte festgehalten: »O Signurí, stendi la tua manú et dammi aiutu. O Herr, strecke deine Hand aus und hilf mir.« Eine Felsen-Idylle, naturalistisch bis ins kleinste Detail. San Corrado in seiner Klause strahlt Ruhe aus – ganz anders als Don Palacino, der immer unterwegs ist, ein Marathonläufer für die Sache Gottes.

Schon eine ganze Zeit hat der Priester nichts gesagt, was ungewöhnlich für ihn ist, vielleicht will er den Heiligen nicht stören. Jetzt räuspert er sich. »Ich muß noch die Palmen gießen. Bei der Hitze brauchen sie viel Wasser.« Nicht nur für die Leute seiner Gemeinde, auch für jede Palme übernimmt er Verantwortung, denke ich. Der Priester schüttelt mir die Hand, »buona sera« – ich glaube, er ist in Gedanken schon woanders. Schnell läuft er den Hügel hinunter, diesmal mit Rückenwind. Mit den Augen gehe ich ihm hinterher, er wird kleiner und kleiner, und schließlich verschwindet Don Palacino im Meer. Nach einer Weile fällt die Dunkelheit über die Oase, eine letzte Schwalbe streift noch über den Teich, und ich mache mich auf den Rückweg.

Als ich wieder im Zentrum von Portopalo bin, wundere ich mich, daß die Kirchenglocken nicht zum Abendgottesdienst läuten. Auch die alten Damen, die sonst um diese Zeit zielstrebig auf die *Chiesa* zusteuern, sind nicht da. Die Stille ist unheimlich, als hätte die Oase alles Leben geschluckt. Ich gehe zur Kirche herüber, schon von weitem sehe ich einen handgeschriebenen Zettel an der Tür. Vielleicht ist es eine Nachricht von Don Palacino: Ich bin kurz nach Afrika gefahren, um ein paar echte Wüsten-Palmen auszugraben – zuzutrauen wäre es ihm. Doch die Botschaft ist viel nüchterner: »Heute und morgen fällt der Gottesdienst leider aus, Don Palacino ist auf einem Kirchenkongreß in Módica.« Ob er die Oase durch einen anderen Ausgang verlassen hat, eigentlich hätte ich ihn sehen müssen. Wenn einer die Kunst des eleganten Verschwindens beherrscht, dann ist es der Priester von Portopalo. Sonst würde er sein Pensum wahrscheinlich gar nicht schaffen.

Der Gast ist heilig oder die Garnelen vom Capo Passero

»Schön, Sie wiederzusehen. Wo wollen Sie denn hin?« Sebastiano fährt sich durch die zum Igel geschnittenen grauen Haare und lächelt galant, dann zeigt er auf meine Reisetasche. »Sie wollen doch nicht etwa unsere schöne Gegend verlassen?« Neben ihm im Auto sitzt eine kleine Frau mit lagunengrünen Augen und heller Haut, es gibt erstaunlich viele nordisch aussehende Sizilianerinnen. »Das ist Rosetta, meine Frau.« Hinter uns hupen mehrere Autos, der Durchgangsverkehr stockt, was in den engen Straßen von Pachino häufig passiert. »Steigen Sie ein, wir bringen Sie, wohin Sie wollen.« Rosetta nickt, bis jetzt hat sie keinen Ton gesagt. Ich setze mich auf die Rückbank des kleinen Fiat und wundere mich über Sebastianos Angebot, wir kennen uns kaum. Heute morgen bin ich mit dem Bus von Portopalo nach Pachino gefahren, und eigentlich wollte ich anschließend über Ispica nach Módica. Aber jetzt ist der Bus weg, und der nächste geht erst in fünf Stunden. In Sizilien kann eine Entfernung von dreißig Kilometern ohne Auto einen halben Tag kosten.

Sebastiano heißt Gallo mit Nachnamen und wohnt in Syrakus, die Adresse hat er mir vor zwei Tagen auf einen Zettel geschrieben. Ich habe ihn nicht weit von hier am Strand kennengelernt, am Capo Passero im äußersten Südosten Siziliens. Seine Cousine hat in der Nähe des Kaps ein Ferienhaus, ist aber nur selten da. Das Haus sei groß und bequem, hat Sebastiano gesagt, ich müsse unbedingt vorbeischauen. Natürlich habe ich höflich jaja gesagt und gedacht, daß das eine der vielen sizilianischen Einladungen ist, aus denen vermutlich nie etwas wird.

Die Luft im Auto ist drückend, die Fahrt geht über Land Richtung Küste. Sebastianos Rasierwasser riecht würzig und sogar noch stärker als der Rosmarin, der in großen Büscheln neben mir auf der Rückbank liegt. »Wohin fahren wir eigentlich?«, frage ich. »Erst mal nach Hause. Wie schön, daß Sie das Ferienhaus doch noch sehen.« Sebastiano reckt seinen Kopf in die Höhe. »Danach bringe ich Sie nach Ispica.« Irgendwie paßt der Nachname Gallo, denke ich, manchmal haben Namen doch etwas mit ihren Trägern zu tun. Die September-Hitze trägt dazu bei, daß ich mich tiefer in die Sitzpolster gleiten lasse. Rosetta lächelt lagunengrün, allmählich taut sie auf. »Mögen Sie *Spaghetti alla Norma*? Ich habe alle Zutaten da: Auberginen, Tomaten, Ricotta ...« Ich wehre ab, bloß keine Umstände. »Wer zu uns kommt, soll sich wohl fühlen«, sagt Sebastiano und wirft ein Gallo-Lächeln in den Rückspiegel. Dann biegt er in einen Sandweg ein. Auf den Feldern links und rechts liegen große Steinbrocken, am Rand wachsen Disteln und Kaktusfeigen, der Boden ist jetzt so hart, als sei er ebenfalls aus Stein. Schließlich fahren wir in einen Hof, der von unverputzten Mauern eingefaßt ist. Das Haus, ein schmuckloser Flachbau, hat die gleiche Farbe wie die ausgedörrten Felder.

»Willkommen daheim«, sagt Rosetta feierlich, sie wirkt sehr klein, fast wie ein Kind neben ihrem Mann. Sebastiano trägt meine Reisetasche ins Haus. Ob die

Gallos mich schon als Übernachtungs-Gast eingeplant haben? Im großen Wohnzimmer stehen ein paar zusammengewürfelte Möbel: ein einfacher Eßtisch mit vier Stühlen, ein altes Sofa, ein klobiger Geschirrschrank, auf dem der Fernseher thront, man muß den Hals ziemlich ausrenken. Im ersten Stock befinden sich mehrere kleine Schlafzimmer mit identischer Ausstattung. »Meine Cousine vermietet das Haus im Sommer, aber jetzt kommt keiner mehr«, sagt Sebastiano. »Wir haben hier viel Platz und keine Eile. Nur manchmal kann der Wind sehr unangenehm sein, dann fahren wir nach Syrakus zurück.«

Das Meer ist nur ein paar Schritte entfernt. Sebastiano zieht seine Badelatschen an. »Kommen Sie, ich zeige Ihnen den Strand.« Sorgfältig sucht er die schönste Stelle für mich aus: Windschatten, ein bißchen Dünengras und weißer Sand, den er durch seine Finger rieseln läßt. Zum Schluß breitet er ein Handtuch aus, ich soll den Tag genießen, Strände wie dieser seien selten auf Sizilien. Womit er recht hat. »A presto«, bis gleich, um eins gibt es Mittagessen. Die Gallos behandeln mich wie ein Familienmitglied, das nach langer Zeit heimgekehrt ist. Ob ich jemals nach Ispica komme? Mehrere Fischerboote steuern jetzt auf den Hafen von Portopalo zu, jedes wird von einem großen Möwenschwarm begleitet, und das Meer ist ein Mosaik aus Glitzersteinen. Als ich langsam hineingehe, habe ich fast Angst, das ebenmäßige Muster zu zerstören. Das Wasser hat etwas Beschützendes, ein warmes Gemisch aus Salz, Algen und Sonne – schön wäre es, stundenlang auf der Meeres-Suppe zu treiben.

»Si mangia«, Essen. Sebastiano ruft vom Strand herüber und winkt. Als ich ins Haus komme, ist der Tisch schon gedeckt. Es riecht nach Knoblauch, die *Spaghetti alla Norma* dampfen, der Rotwein ist eingeschenkt. Auf einem Teller streckt ein gekochter Polyp seine Tentakel aus, könnte auch eine Gummi-Attrappe sein. Dazu gibt es Radicchio-Salat, Oliven, Sardellen, öligen Thunfisch mit Kapern. Alles schmeckt wunderbar würzig, selbst das Gummitier ist aromatisch, und mit jedem Bissen werde ich träger. Zum Nachtisch holt Rosetta eine Ricotta-Torte mit kandierten Früchten aus dem Kühlschrank. Ich habe das Gefühl, an einem Tischlein-deckdich zu sitzen, und irgendwann kippe ich bestimmt vom Stuhl. Für den dicken süßen Quark, den es so nur auf Sizilien gibt, hat die Insel einen Ehrenplatz im kulinarischen Himmel verdient. Sebastiano und Rosetta strahlen, keine Frage, das Essen gehört zu den Sternstunden ihres Rentner-Daseins, und ich bin gerührt von ihrer Gastfreundschaft. Ich muß an Philemon und Baucis denken, einfache Bauern, die für ihre Gäste Hermes und Zeus alles auf den Tisch stellten, was sie hatten. Meinen Dank wehren Sebastiano und Rosetta kategorisch ab, sie freuen sich über meinen Besuch, sagen sie, die Tage am Meer sind zwar erholsam, aber immer etwas monoton; außerdem sei für Sizilianer der Gast nun mal König. Was aber auch heißt, daß der Gast sich fügen muß: Eine Einladung abzulehnen ist in Sizilien nahezu unmöglich, denn der Gastgeber verliert sonst das Gesicht.

In einem Korbstuhl döse ich vor mich hin, der Espresso ist einfach so durchgerutscht. Sebastiano fragt, ob ich eine Grappa will, ich schüttele den Kopf. Gerade habe ich noch die Kraft, mich zu erkundigen, wann wir eigentlich nach Ispica fahren. »Gleich«, sagt Sebastiano, und aus Erfahrung weiß ich, daß es gar nichts bedeutet, wenn Sizilianer »gleich« sagen; das kann in zwanzig Minuten sein, aber auch in drei Stunden oder vielleicht in fünf. »Wir haben Zeit«, sagt er, »ruhen Sie sich aus.« Seine Stimme wirkt beruhigend wie autogenes Training, und meine Lider werden schwer. Diesmal muß ich mich um nichts kümmern, nichts planen – eine völlig unverhoffte Leichtigkeit des Seins. Ich höre noch, wie Sebastiano sagt, er würde kurz zum Fischmarkt von Portopalo fahren, um eine Kiste Garnelen zu kaufen. Die Ware sei fangfrisch und billig, außerdem kenne er einen Aufseher, der ihm die Garnelen günstiger ... Schon wieder Essen, denke ich, und in dem Moment muß ich eingeschlafen sein.

Als ich aufwache, höre ich, wie Rosetta in der Küche mit Geschirr klappert, Sebastiano ist offenbar noch nicht zurück. »Möchten Sie einen Espresso?« Rosetta steht auf einmal neben mir. Sie scheint die Fähigkeit zu haben, die Wünsche anderer vorwegzunehmen – vielleicht hat sie das bei ihrem Mann gelernt. Während wir aus schnörkeligen Tassen die schwarze Pfütze trinken, erzählt Rosetta, ihre Enkel würden für ihr Leben gern gegrillte Garnelen essen. »Lieber als Bonbons, wissen Sie. Sebastiano kauft immer gleich zehn Kilo, und wir frieren sie in Portionsbeuteln ein.« Ich nicke, und Rosetta zählt auf, was sie sonst noch günstig einkauft und einfriert. Ein großer Teil dieses Rentner-Lebens besteht darin, die Logistik des Essens sicherzustellen, denke ich. »Große Sprünge können wir mit tausendzweihundert Euro im Monat nicht machen, Sebastiano hat in der Fabrik gearbeitet, und ich bin wegen der Kinder zu Hause geblieben. Wir arrangieren uns«, sagt Rosetta, »und das schon seit mehr als vierzig Jahren.« Ihre Augen leuchten zwischen grün und blau. Kein Zweifel, daß sich die beiden immer noch mögen und aufeinander eingestellt sind wie die Zeiger einer Uhr.

»Wann kommt eigentlich Sebastiano wieder?« frage ich vorsichtig. Mittlerweile ist es drei Uhr mittags, vor sieben Stunden bin ich aus Portopalo aufgebrochen und seit fünf Stunden hier. »Sebastiano ist wählerisch und guckt sich die Ware genau an. Aber er müßte gleich zurück sein.« *Gleich.* »Kommen Sie, wir machen es uns gemütlich.« Rosetta räkelt sich auf dem Sofa. Dann erzählt sie mir ausführlich von allen Mitgliedern ihrer Familie, bis ich das Gefühl habe, ich könnte ihren Stammbaum jetzt rauf und runter singen. Nachdem sie meine Familie ausführlich abgefragt hat, schaltet sie den Fernseher ein – eine Nachmittag-Spielshow. »Che bella«, sagt sie und meint die blonde Kandidatin – könnte auch Lara Croft sein. Die September-Sonne knallt jetzt ins Zimmer, man kann der Wärme nicht entgehen. Meine Energien verzischen einfach, selbst der Entschluß aufzustehen kostet Kraft. Dabei fällt mir ein, was Giuseppe Tomasi di Lampedusa über die Hitzezeit geschrieben hat: »(...) wenn ein Sizilianer in nur einem jener Monate ernstlich arbeiten wollte, würde er die Energie verbrauchen, die für drei ausreichen muß.«

Einen Espresso später – für den ich Rosetta dankbar bin – steht ein harmlos lächelnder Sebastiano im Zimmer. »Das Zeug war nicht gut«, sagt er und läßt sich auf einen Stuhl fallen. »Ganz oben in der Kiste lagen ein paar schöne Tiere, darunter nichts als Kruppzeug.

Ich muß heute abend noch mal hin, wenn der Markt wieder aufmacht. Sie bleiben doch zum Abendessen?« Ich zucke zusammen. Dann sage ich vorsichtig, daß ich heute noch nach Ispica muß. »Das läuft Ihnen doch nicht weg«, sagt Rosetta. »Sie können nicht fahren, ohne unsere Garnelen probiert zu haben. Spätestens morgen mittag bekommt Sebastiano bestimmt welche.« Oder morgen abend oder übermorgen oder wann auch immer. Selbst wenn mehrere Wochen vergehen, würden mich die Gallos mit gleichbleibender Herzlichkeit behandeln, da bin ich mir sicher. Auf keinen Fall darf ich sie jetzt beleidigen, das wäre ein schwerer Regelverstoß. Glücklicherweise fällt mir eine italienische Zauberformel ein: »la prossima volta« – nächstes Mal würde ich der Einladung bestimmt folgen und natürlich auch meine Familie mitbringen. Sebastiano und Rosetta protestieren, man müsse die Feste feiern, wie sie fallen, und ich entgegne, daß die Garnelen schließlich noch gar nicht da seien. Unser Wortwechsel geht eine Weile so weiter, dann seufzt Sebastiano. »Na gut. Kommen Sie aber unbedingt noch einmal vorbei, bevor Sie nach Deutschland zurückfliegen.« Ich verspreche es.

Um fünf Uhr sitzen wir schließlich im Auto, Rosetta und Sebastiano haben sich stadtfein gemacht. Wenig später sind wir in Ispica an der Haltestelle. Der letzte Bus nach Módica ist weg, ich sehe, wie er vor uns den Berg herunterkriecht. »Machen Sie sich keine Sorgen, wir haben Zeit«, sagt Sebastiano gelassen. Als ich noch rätsele, was er damit meint, setzt er den Fuß aufs Gaspedal und braust los. Zwei Haltestellen später überholt er und stellt sich so vor den Bus, daß der nicht weiterkann. Dann gibt er dem Fahrer ein Zeichen. Ich lobe ausgiebig Sebastianos Heldentat, er winkt ab, während Rosetta strahlt. Der Busfahrer hupt, Sebastiano sagt *pazienza*, Geduld. Folgen viele Küsse, gute Wünsche an die Kinder, Kindeskinder und überhaupt. Am Ende geben sich auch Rosetta und Sebastiano einen Kuß, was mich am meisten rührt.

Als ich schließlich im Bus sitze, denke ich, die beiden müßten eigentlich für ihre Gastfreundschaft beim lieben Gott einen Wunsch gut haben. So wie Philemon und Baucis, die sich für ihre Selbstlosigkeit bei Zeus etwas wünschen konnten: Sie baten den obersten Gott, zur gleichen Zeit sterben zu dürfen, damit keiner um den anderen trauern müsse.

Donnafugata oder im Irrgarten der Leoparden

Donnafugata heißt soviel wie »Frau auf der Flucht«, was ein wunderbar dramatischer Name ist. Außerdem verbindet sich mit dem Ort, um den sich viele Legenden ranken, Weltliteratur: Donnafugata ist durch die Leoparden berühmt geworden, die Giuseppe Tomasi di Lampedusa in seinem Roman beschreibt. Allerdings ist es eher unwahrscheinlich, daß der Palast im Südosten Siziliens dem Schriftsteller als Vorbild diente – vermutlich hatte er einen anderen Schauplatz vor Augen. Wer jedoch auf einer der geschwungenen Parkbänke sitzt und den *Gattopardo* liest, vor sich eine der großzügigen Freitreppen des Palastes, überläßt sich gern der Fantasie, hier und nirgendwo anders müsse der Roman spielen.

Es gibt verschiedene Anekdoten über Frauen, die aus Donnafugata geflüchtet sind, und alle klingen ein bißchen nach Dichtung und Wahrheit. Zum Beispiel die Geschichte von Bianca di Navarra, die Anfang des 15. Jahrhunderts für kurze Zeit Herrscherin von Sizilien war – bis ein rachsüchtiger Graf die schöne junge Frau in Donnafugata einsperrte; sie hatte seinen Heiratsantrag ausgeschlagen. Nur mit Hilfe ihrer Diener gelang Bianca di Navarra die Flucht nach Palermo. Möglich ist, daß der Name Donnafugata auf diese Geschichte zurückgeht. Im 15. Jahrhundert war das Schloß sehr viel kleiner als heute; erst in der zweiten Hälfte des 19. Jahrhunderts entstand der mächtige Palazzo mit seinen unzähligen

Zimmern, erbaut von dem schwerreichen Baron Corrado Arezzo. Dessen Enkeltochter Clementina soll übrigens auch aus Donnafugata getürmt sein – gemeinsam mit ihrem französischen Geliebten. Allerdings ließ der Baron die Verliebten umgehend zurückholen.

Wer heute nach Donnafugata kommt, braucht keine Angst vor irgendwelchen ausgeflippten Adeligen zu haben, der Palazzo ist nicht mehr in privater Hand. Aber er wird unter Umständen länger suchen müssen, denn Donnafugata ist völlig abgelegen. Zwar hat der Ort eine eigene Bahnstation, doch die Lokalzüge halten nur »auf Anfrage«; das heißt, man muß irgend jemanden davon überzeugen, daß der Zug tatsächlich stoppt. Als ich in Ragusa, der nächstgrößeren Stadt, den Bahnhofsvorsteher frage, kommt die Antwort prompt: »In einer Stunde fährt wieder ein *Locale*. Sie brauchen allerdings gar nicht erst einzusteigen. Für eine Person lohnt sich der Halt in Donnafugata nicht, der Zugchef macht für Sie keine Ausnahme. Die Autovermietung ist übrigens gleich gegenüber.« Ob der Mann von der Staatlichen Eisenbahn und »Rent a car« unter einer Decke stecken?

Der Palazzo von Donnafugata, ausladend und flach gebaut, ragt schon von weitem aus der Landschaft auf. Er erinnert ein bißchen an den Dogenpalast in Venedig, nur daß das Umfeld völlig anders ist: kaum Häuser, vor allem Ställe und Hütten. Die Mauern aus Naturstein, die die Felder voneinander abgrenzen, sehen fast archaisch aus. Die Erde ist jetzt im Spätsommer knochentrocken und rissig, träge knabbern die Schafe an den staubigen Disteln.

An der Frontseite des Palastes ist ein überdimensionales Schild angebracht. Ausführlich werden die anstehenden Renovierungsarbeiten aufgezählt, was nichts anderes heißt als: für eine halbe Ewigkeit geschlossen. Wie lange? Die Wärterin, die den Palast seit mehr als dreißig Jahren hütet, schüttelt den Kopf: »Wir wissen es nicht.« Das klingt, als hätten undurchschaubare Schicksalsmächte die Schließung angeordnet. Wie so oft in Sizilien macht sich das Schöne rar – und das mit der größten Selbstverständlichkeit der Welt. Manchmal habe ich das Gefühl, daß dem der geheime Plan zugrunde liegt, die Touristen immer von neuem auf die Insel zu locken.

Der berühmte Schloßpark ist geöffnet. Ich muß an Fürst Don Fabrizio denken, das Oberhaupt der Leoparden, der häufig über Alleen wandelte und sich an den alten Steineichen oder dem Bauchnabel einer Meeresgöttin freute, die mit Poseidon am Brunnen flirtet. Heute ist der Park von Donnafugata ziemlich heruntergekommen. Trotzdem geht von der Wildnis etwas Magisches aus, ein geheimer Sog, der dazu führt, daß man sehr viel länger bleibt als ursprünglich geplant. Und am Ende hat wohl jeder das Gefühl, aus der Zeit herauszufallen und nicht mehr zu wissen, in welchem Jahrhundert er eigentlich ist.

Nichts ist leichter, als sich im Park von Donnafugata zu verirren. Die Natur ist zu einem Labyrinth zusammengewachsen, keiner hat sie über die Jahrzehnte gestört: Pinien, violett strotzender Oleander, meterhohe Büsche Rosmarin; Magnolien, deren Wurzeln aus der Erde wachsen und aussehen wie riesige Echsenfüße. Säulen ragen vereinzelt aus den Distelfeldern auf, manche sind zur Hälfte eingestürzt, die reich verzierten Kapitelle liegen verstreut auf dem Boden. Pfeiler aus Stein grenzen Park und Schloß voneinander ab, so war es zumindest einmal gedacht, heute ist die Reihe lückenhaft. Auf manchen Pfeilern stehen dickbäuchige Amphoren, verziert mit Trauben, Girlanden und Frauenköpfen. Auf einer Vase eine Liebesszene: Mann und Frau im Kuß vereint, zwanglos und ohne Scheu; die Chance, daß sie in der wuchernden Natur gestört werden, ist ohnehin gering. Auf anderen Pfeilern fehlen die Amphoren, sie sind zerbröselt oder von Dieben weggetragen worden.

Daß sich in diesem Irrgarten noch ein echtes Labyrinth verbirgt, wirkt fast wie Ironie: ein Areal aus hohen Mauern, verwinkelt, verworren, kaum durchschaubar, ein Lustgarten aus hundertundeinem Pfad, in dem die Eidechsen rascheln. Manche Besucher legen Zettel als Wegweiser aus, um ihre Begleiter auf die richtige oder falsche Fährte zu bringen. Kein Liebespaar läßt die Chance ungenutzt, sich einmal untragisch zu trennen. Im Labyrinth verliert man sich mit der Gewißheit, sich wiederzufinden, auch ohne Ariadne-Faden, es ist nur eine Frage von Glück und Geduld. Damals haben sich hier die Adeligen stundenlang amüsiert – Zeit hatten sie im Überfluß. Das Verirr-Spiel war Teil und Symbol ihres Luxus: Wer nicht Geld verdienen muß, darf sich verlaufen, so lange er will. Tancredi und Angelica hätten sich hier bestimmt auch gern versteckt, um einmal der ständigen Verfolgung durch ihre Gouvernanten zu entgehen.

Erst nach längerer Zeit, nach vielen Wegen und Umwegen, finde ich aus dem perfekt inszenierten Chaos heraus. Ich habe das Gefühl, mehrere Kilometer zurückgelegt zu haben. Zwischen den Bäumen schimmert der

Palast hindurch, und ich gehe direkt darauf zu – für heute habe ich mich genug verlaufen. Eine breite Freitreppe, auf der allerhand Taubendreck liegt, führt zur Terrasse. Vorsichtig steige ich hoch und warte darauf, daß mich ein Wärter zurückpfeift, aber nichts passiert. Die Terrasse ist so groß, daß man hier einen Ball feiern könnte. Schön wäre es, wenn jetzt eine Palasttür aufspringen würde und ich einfach hineingehen könnte. Die Fenster sind durch die Renovierungsarbeiten verdreckt, doch ein bißchen läßt sich durch die Scheiben erkennen: schwere Lüster, hohe Spiegel, Girlanden-Verzierungen an den Wänden, nur die Möbel fehlen. Auf einer Leiter steht ein Arbeiter und tupft mit einem Pinsel Farbe auf die Wand. So wird peu à peu der Luxus wiederhergestellt, der die Adeligen einst umgab. Hier könnte man gut für ein paar Wochen die Abgeschiedenheit genießen.

Ich stelle mir Lampedusas Verliebte vor, wie sie durch den Saal und die angrenzenden Zimmerfluchten laufen, bei 122 Räumen ist die Reise lang und immer wieder aufregend. Schon Don Fabrizio war der Meinung, »ein Palast, in dem man alle Zimmer kenne, sei es nicht wert, bewohnt zu werden«. Ich setze mich auf die Freitreppe und lese im Roman noch einmal nach, wie Lampedusa seine Helden auf Erkundungstour schickt – durch alle Winkel des Schlosses, durch die Geheimkammern der Lust. Tancredi, der smarte, karrierehungrige Neffe des Fürsten, spielt die Rolle des Gastgebers, während seine Liebste, die schöne Tochter eines neureichen Emporkömmlings, sich von ihm (ver)führen läßt.

»Tancredi wollte, Angelica solle den ganzen Palast kennenlernen in seiner unentwirrbaren Gesamtheit: Gästeflügel, Repräsentationsräume, Küchen, Kapellen, Theater, Bildergalerien, nach Leder duftende Wagenschuppen, Stallungen, schwüle Gewächshäuser, Durchfahrten, Treppchen, kleine Terrassen und Bogengänge, und vor allem eine Reihe von seit Jahrzehnten aufgegebenen unbewohnten Räumen, die ein labyrinthisches, geheimnisvolles Gewirr bildeten. Tancredi machte sich nicht klar (oder er machte es sich sehr wohl klar), daß er das junge Mädchen zur verborgenen Mitte des sinnlichen Wirbelsturmes hinzog; und Angelica wollte in jener Zeit das, was Tancredi beschlossen hatte. Die Streifzüge durch das fast unbegrenzt große Gebäude nahmen kein Ende; man brach auf wie zu einem unbekannten Land.«

Schon früh läßt Lampedusa keinen Zweifel daran, was er mit den Verliebten vorhat, deren Ehevertrag von den Vätern bis ins kleinste Detail ausgehandelt wird. So rauschhaft ihre Liebe beginnt, so illusionslos endet sie. »Dies waren die besten Tage im Leben Tancredis und Angelicas – zweier Leben, die später nie mehr so sehr eines werden sollten, die so sündig werden würden auf dem unausweichlichen Hintergrund des Schmerzes. (...) Jene Tage waren die Vorbereitung auf ihre Ehe, die auch im Erotischen mißlang.«

Platsch. Eine Ladung Taubendreck ist auf mein aufgeschlagenes Buch gefallen, ungefähr dorthin, wo der Autor seine Helden in die Wüste schickt. Ich versuche den Klecks mit einem Taschentuch abzutupfen, aber es gelingt nur zum Teil, er hat die Konsistenz von Tapetenkleister und verteilt sich über die Seite. Vielleicht, denke ich, ist das ein Zeichen, die Geschichte zwischen Tancredi und Angelica einmal anders enden zu lassen: Die beiden fliehen heimlich vor ihrem Autor, um in Palermo oder anderswo glücklich zusammenzuleben. Hätte Lampedusa sich darauf eingelassen und ein Happy End geschrieben, wäre sein Roman allerdings niemals ein Welterfolg geworden. Und keiner würde sich heute dafür interessieren, wo der Palast der legendären Leoparden wirklich liegt.

Palermos unerschrockene Wohltäterin: Letizia Battaglia

Wie eine Theaterkulisse ragt die Mauer auf, der Blick springt durch offene Fensterhöhlen hindurch, dahinter Mauerstümpfe und grüne Wildnis. Im nächsten Moment könnte die Mauer umkippen, denke ich, fast habe ich Angst, zu lange hinzuschauen, als würde sie dadurch erst recht ins Wanken kommen, doch sie wird von Holzbalken abgestützt. Vor langer Zeit war hinter der Mauer ein Nonnenkloster, erzählt ein Mann Anfang Vierzig, der hier im Marktviertel *Ballarò* wohnt. Seit er sich erinnern kann, sieht die freistehende Mauer an der *Via Ponticelli* genauso aus wie jetzt. Davor liegt ein Fiat wie eine gestrandete Robbe, Räder und Boden sind weg, im Innern wuchert Unkraut, dazwischen leere Flaschen und Zigarettenschachteln. Bis das Wrack völlig zugewachsen ist, werden noch ein paar Jahre vergehen, aber wegräumen wird es keiner. Die niedrigen Häuser gegenüber wirken so, als würden sie bald in sich zusammenfallen. Auf einem Balkon streckt ein rostiger Wäscheständer seine Beine in die Luft, auf einem anderen Balkon stehen zwei Halbwüchsige und zünden sich gegenseitig Zigaretten an. Eine Katze wimmert, ich kann sie nirgendwo entdecken, und erst jetzt begreife ich, daß die Jungs die Schreie imitiert haben. Immer wieder habe ich in Palermos Altstadt, in den vielen kriegsversehrten Straßenzügen das Gefühl, die Leute haben sich an die Zerstörung gewöhnt wie an die vielen ausgemergelten Katzen, die hier herumstreunen. Gerade im Hafenviertel von Palermo, das von den Alliierten 1943 stark bombardiert wurde, klaffen viele Wunden.

Manche Plätze und Häuserblöcke sind jedoch schon liebevoll saniert. Da ist zum Beispiel die *Piazza Marina* im Hafenviertel, einer der schönsten Plätze der Altstadt, bei dem man das Gefühl hat, ein unerwarteter Geldsegen sei hier niedergegangen. Die prächtige Häuserfront, die den *Giardini Garibaldi* zugewandt ist, sieht aus wie frisch gewaschen, die Palazzi leuchten gelb und weiß in der Sonne, und auf den Balkonen stehen vor grünen Fensterläden Palmen und Topfpflanzen. Nur bei einem der Häuser ist die Fassade schmutziggrau, bröckelt der Putz, aber das Baugerüst ist schon da. Vor zehn Jahren, sagt der Barmann im Café gegenüber, war die *Piazza Marina* völlig heruntergekommen; ein Glück, daß die Sanierung so schnell vorangeschritten sei, sonst wäre der Platz vielleicht doch irgendwann im Meer versunken. Noch ist die *Piazza Marina* ein Fremdkörper inmitten der vielen hohläugigen Häuser drum herum, aber irgendwann, in zehn, zwanzig oder noch mehr Jahren, fällt sie vielleicht gar nicht mehr auf.

Eine Frau, die für ihre Geburtsstadt Palermo viel getan hat, ist die Fotografin Letizia Battaglia, Jahrgang 1935. Als Stadtverordnete kämpfte sie für den Erhalt des historischen Stadtkerns, als wütende Anti-Mafia-Aktivistin organisierte sie Demonstrationen und Ausstellungen. 1990 ist sie in die *Via Lampionelli* gezogen, eine düstere, seltsame Haken schlagende Straße in der Altstadt. Das Straßenschild ist zweisprachig, italienisch und arabisch, das Viertel eine Multikulti-Hochburg, in dem viele Araber zu Hause sind. Hier überwiegen kleine

Handwerksbetriebe und Läden, die bis unter die Decke mit Hausrat vollgestopft sind. In der *Via Lampionelli* sind einige Häuser so baufällig, daß von der einen Straßenseite zur anderen dicke Holzbalken gezogen wurden, um die Mauern abzustützen.

Das Haus von Letizia Battaglia ist vor rund zehn Jahren renoviert worden, eine Heizung gibt es nicht, aber eine große Dachterrasse. »In den ersten beiden Jahren ist bei mir dreimal eingebrochen worden«, erzählt die Fotografin. Nach dem dritten Mal ist sie in Rage vor die Tür gelaufen und hat die Nachbarn, denen normalerweise nie etwas entgeht, angeschrien, weil sie nicht eingegriffen haben. »Danach hatte ich meine Ruhe«, sagt sie, das nachbarschaftliche Alarmsystem funktionierte – selbst für eine Exotin wie Letizia Battaglia. Daß sie ihre Wut in die Öffentlichkeit geschrien hat, ist für sie nicht ungewöhnlich: Die Palermitanerin, eine der mutigsten Frauen der Stadt, ist bekannt für ihre spontanen, unkonventionellen Aktionen, bei denen sie in Kauf nimmt, von anderen für verrückt gehalten zu werden – eine Jeanne d'Arc der Trümmerviertel. Wegen ihrer drastischen Fotos von Mafia-Opfern bekam sie immer wieder Ärger mit deren Familien, aber auch mit der Polizei. Andererseits konnte Battaglia mit ihrem Charisma viele Leute aus ihrer Ohnmacht reißen. Sie hat das berühmt gewordene »Komitee der Bettlaken« mit organisiert: Jeder, der nach der Ermordung des Staatsanwalts Giovanni Falcone im Mai 1992 seinen Protest ausdrücken wollte, sollte ein weißes Bettlaken aus seinem Fenster hängen – viele Palermitaner machten mit. Heute ist Letizia Battaglia stadtbekannt, und es gibt keinen in der *Via Lam-*

pionelli, der nicht ihr Haus kennt. Von dem, was sie erlebt hat, könnten die meisten Menschen wohl nur einen Bruchteil ertragen.

Die Sizilianerin zeigt mir den Fotoband, in dem ihre Mafia-Bilder dokumentiert sind, jede Aufnahme so konkret und schonungslos, daß sie dem Betrachter förmlich ins Gesicht schlägt. Auf einer Bank sitzen mehrere alte Frauen mit dicken Brillengläsern, in den Händen halten sie Taschentücher, die Mienen sind starr. Ein paar Meter entfernt liegt ein Mann auf der Straße, jemand hat eine Decke über ihn geworfen, nur die Beine ragen heraus. Zwei Polizisten stehen steif da, sie schauen ostentativ von dem Toten weg, wann hört das endlich auf, schon wieder die Mafia, immer wieder die Mafia, denken sie und alle anderen auf dem Bild. Eine Warteszene, qualvoll und gleichzeitig Alltag im Sizilien vor zehn, zwanzig Jahren. Erst wenn der Untersuchungsrichter eingetroffen ist, darf die Leiche abtransportiert werden. Letizia Battaglia, deren Nachname »Kampf« bedeutet, hat zwanzig Jahre lang solche Szenen festgehalten. Menschen mit zerschossenen, blutverschmierten Gesichtern. Angehörige, denen der Aufschrei in der Kehle steckenbleibt. Angeklagte in eleganten grauen Anzügen, die mit ausdruckslosen Gesichtern den Gerichtssaal betreten. »Ich fühlte mich verantwortlich, das Grauen festzuhalten, auch wenn ich in diesen Momenten einen ungeheuren Ekel empfand. Die Mafia hat uns unsere Würde genommen. Viele Jahre haben wir uns abends nicht auf die Straße getraut.«

Bodyguards lehnte Letizia Battaglia stets ab, sie hätte sich, sagt sie, wie eine Gefangene gefühlt. Wie hat sie so lange mit der Todesangst leben können? »Ich habe mich daran gewöhnt. So sehr, daß ich heute nicht einmal sagen kann, ob ich noch Angst habe oder nicht. Glücklicherweise macht die Mafia nicht mehr durch spektakuläre Bluttaten auf sich aufmerksam. Aber sie ist nicht weniger mächtig, sie kontrolliert große Teile des Immobilienhandels und der Waffen- und Drogengeschäfte.« Doch selbst wenn die Leute in Palermo heute sicherer und freier leben – die Vergangenheit hat für Letizia Battaglia und viele andere auch lange Arme.

»Die Schrecken, die wir erlebt haben, sind im Bewußtsein immer da. Deshalb empfinden wir alles, was in dieser Stadt passiert, so intensiv, Halbheiten gibt es nicht«, sagt die Fotografin. »Letztlich mag ich sogar das Kaputte, die Ruinen, es gehört zu unserer Geschichte. Ich wäre bestimmt fröhlicher, wenn ich aus Palermo weggehen würde, aber ich kann nicht. Ich bin krank von dieser Stadt, und gleichzeitig bin ich ihr verpflichtet. Ich fühle mich schuldig, daß ich nicht noch mehr getan habe.« Noch mehr? »Ja. Es gibt einfach zuviel zu tun in dieser Stadt.« In ihrer Stimme schwingen Kummer und Kampfbereitschaft, Engagement und Müdigkeit, nichts ist bei ihr dahingesagt oder bloß rhetorischer Schnörkel. Mit ihren langen rotblonden Haaren und den ungeschminkten Augen, die forschend sind und auf der Suche, wirkt sie alles andere als gesetzt, eine Frau im Aufbruch, immer noch, so wie die Stadt, in der sie lebt. Auf eine bizarre und nervenaufreibende Weise hält Palermo sie jung.

Auch für den katastrophalen Zustand der Altstadt sei die Mafia mitverantwortlich, sagt die Palermitanerin zornig. Vor Jahren noch warteten Mafiosi nur darauf, daß Häuser völlig zusammenbrechen würden – so konnten sie sich von den staatlichen Subventionen für den Wiederaufbau ihren Teil abzweigen. Viele Bewohner seien von der Mafia sogar überredet worden, ihre baufälligen Häuser zu verlassen und in Neubausiedlungen am Stadtrand zu ziehen. Erst Anfang der neunziger Jahre, unter Bürgermeister Leoluca Orlando, wurde die Ausblutung der Altstadt gestoppt: Die Stadt beschloß einen Entwicklungsplan für das historische Zentrum, und die Restaurierung konnte beginnen. Auch eine Behörde mit dem kuriosen Namen »Amt für urbane Lebensqualität« wurde gegründet und Letizia Battaglia seine Chefin. »Ohne Orlando wären wir nie so weit gekommen, das war ein ungeheurer Schub.«

Leoluca Orlando stand Anfang der Neunziger ganz oben auf der Todesliste der Mafia. Vor ein paar Jahren hat er seine Autobiografie veröffentlicht, die eindrucksvoll spiegelt, wie der Politiker trotz Bodyguards und immenser Schutzvorkehrungen seinen Tod in Gedanken immer wieder vorwegnimmt. »Die Frage war nicht, ob man mich umbringen würde, sondern wann und wie. In einer Sendung nannte mich der englische Sender Channel Four ›die wandelnde Leiche‹. Und genauso fühlte ich mich. Auf indirekte Weise erlebte ich den Tod jeden Tag«, schreibt Leoluca Orlando. Daß er nicht umgebracht wurde, lag vor allem an den heftigen Reaktionen der Bevölkerung, die die Morde an Falcone und Borsellino ausgelöst hatten. »Die Kommission«, das oberste Entscheidungsorgan der Mafia, beschloß, von der Ermordung Orlandos abzusehen. Sie wollte nicht riskieren, das

»wenige an Unterstützung« zu verlieren, »das sie noch im Volk genoß«, resümiert der Politiker.

Heute herrscht in Palermo Aufbruchsstimmung, vorbei ist die bleierne Zeit, als die Bewohner schon am frühen Abend die Rolläden herunterließen und kaum jemand auf die Straße ging. »Damals galt Palermo als Libanon Italiens, als Schießstand der Mafia«, so Leoluca Orlando. Ein Symbol für die Wende, das dem Lokalpatriotismus Flügel verlieh, ist das *Teatro Massimo*, das klassizistische Opernhaus, entstanden Ende des 19. Jahrhunderts. Seine Wiedereröffnung 1997, nach knapp 30 Jahren Renovierung, erschien vielen Einheimischen als ein weltliches Wunder – fühlten sie sich doch über Jahre als Bewohner eines von Gott und der Regierung verlassenen Niemandslandes. Zu den »miracoli« gehört für sie auch das Kulturzentrum *Lo Spasimo*, einer von Letizia Battaglias Lieblingsorten in Palermo. Die ehemalige Kirche diente lange Zeit als Armen- und Krankenhaus, nach dem Zweiten Weltkrieg war die Ruine nur noch eine Schutthalde. Seit 1995 ist *Lo Spasimo* Kulturzentrum mit Konzerten, Ausstellungen und Tagungen. »Es gibt immer noch kein Dach, und in der Mitte wächst ein Baum aus dem Steinboden. Aber der Ort ist sehr lebendig, ich gehe gern dorthin«, sagt die Fotografin. »Ich wünsche mir, daß es mit dem historischen Zentrum weiter aufwärtsgeht, Lichtblicke sind überall, und für die Mafia ist die Altstadt längst kein Geschäft mehr. Aber es braucht Zeit, sehr viel Zeit.« Wie sie das sagt, in ihren weiten schwarzen Pullover gehüllt, klingt es ein wenig melancholisch, als befürchte sie, das Goldene Zeitalter von Palermo nicht mehr zu erleben. Vielleicht ist es schon längst angebrochen, denke ich, als wir uns zum Abschied die Hand reichen. Andererseits gibt es heute schon wieder mahnende Stimmen, die die kulturellen Errungenschaften der Orlando-Ära dahinschwinden sehen, seit der charismatische Politiker nicht mehr Bürgermeister ist; auch Letizia Battaglia teilt diese Bedenken.

Die Dunkelheit ist jetzt über die *Via Lampionelli* hereingebrochen. Die Straßenlampen sind so spärlich, daß ich schnell von der Nacht verschluckt werde. Eines der Häuser trägt ein Gerüst, an dem rote funzelige Glühbirnen hängen. Unwillkürlich denke ich an einen Puff, aber allzuviel Bewegung würde das Haus gar nicht aushalten. Unsicher folge ich den wenigen Lichtern – wer weiß, ob ich gleich in irgendeinem Hinterhof lande. Schließlich entdecke ich, etwas zurückgesetzt von der Straße, eine Ansammlung winziger Glühbirnen: In eine Häuserwand ist ein zwei Meter hoher Schrein eingelassen, in der Mitte das Bild der »Tränenreichen«, der »Madonna delle Lacrime«. Ein Heiligenschein umgibt sie, das Gesicht wirkt nachdenklich. Seit 1980 thront sie hier, eine Heilige Jungfrau der Hinterhöfe. Sollte die Sanierung der Altstadt zügig voranschreiten, wird die Mutter Gottes vielleicht irgendwann keine Tränen mehr vergießen.

In der Vucciria: Die Wohnzimmer-Trattoria von Enzo Noto

»Roba bel-la, roba bel-la!« Der Verkäufer, ein stämmiger junger Mann, schreit so laut, daß kaum jemand an seinem Stand vorbeikommt. Hausfrauen und Touristen scharen sich um den Mann, der mit einem langen Messer kleine Stücke von der »schönen Ware« abschneidet. Sorgfältig spießt er Stück für Stück auf und hält den Kunden das Messer vors Gesicht. Auch ich bekomme ein Stück von dem Pecorino, auf dem in Großbuchstaben »piccante« steht. Der Geschmack breitet sich sofort in meinem Mund aus, scharf und köstlich, jetzt fehlen nur noch Brot und Rotwein. Auch die anderen Sorten sehen verführerisch aus: Büffelkäse, Ricotta, große Räder von Parmesan, *caciocavallo*, ein birnenförmiger Hartkäse, oder der milde *scamorza*, geformt wie ein Beutel, der von einer großen Eisenstange herabbaumelt. Manche Stücke sind gespickt mit Pfefferkörnern – der Schriftsteller Elio Vittorini vergleicht ihre Wirkung mit »jähen Feuerfunken in jedem Bissen«. Um alle Sorten kennenzulernen, bräuchte man Stunden. Als der Verkäufer mir ein Stück *caciocavallo* abwiegt, sehe ich, daß ein Heiligenbildchen an seiner Waage klemmt – die Jungfrau hätte bestimmt nichts dagegen. An vielen Ständen in der *Vucciria*, einem der größten Lebensmittelmärkte Palermos, sind diese Bilder angepinnt – selbst neben blutigem Fleisch. Alles ist offen ausgebreitet, nichts steril verpackt, jeder Stand hat seine eigenen Gerüche und Farben, die einen anspringen und überwältigen – Siziliens Märkte sind ein großer Ansturm auf die Sinne.

In der Schlachterei hängen Ziegenköpfe, zierlich und filigran, alles ist noch dran, Ohren, Augen, Lippen und die kleinen Zähne. »Zwei Euro fünfzig das Stück«, sagt der Verkäufer, die Suppe sei sehr schmackhaft. Ich möchte weiter, aber so schnell läßt er mich nicht gehen. »Wollen Sie wissen, wann der Kopf fertig gekocht ist?« Ich will es nicht wissen. »Wenn die Zähne sich aus dem Fleisch lösen und auf den Topfboden fallen. Man muß aber keine Suppe daraus machen. Meine Frau nimmt den gekochten Kopf in die Hand und knabbert ihn ab – wie einen Hähnchenschenkel.« Er lacht und zeigt auf die Köpfe, ich soll mir einen aussuchen. *Grazie*, ich winke ab.

Schon von weitem leuchten mir aus vollen Säcken die Gewürze entgegen: Thymian, Oregano, Paprika, Kümmel, Curry, Koriander und vieles, was ich gar nicht kenne. Daneben Kapern, Pinienkerne, getrocknete Tomaten, Mandeln und Chilischoten. Nie zuvor habe ich Oliven in so vielen Farben gesehen: tiefschwarz, hell-, dunkelgrün, braun, aubergine, blauschwarz; dazwischen stekken zur Zierde kleine Zweige mit Rosmarin. »Wollen Sie nicht die Mafia-Gewürzmischung mitnehmen?«, fragt die Verkäuferin und lacht. Was ist das? »Probieren Sie es aus – höllenscharf.« Als ich länger stehe und gucke, meine ich, der Dampf steigt schon aus den Säkken hoch wie aus großen Töpfen; ich rieche den scharfen Tomatensugo oder die *pasta con le sarde,* Nudeln mit einer Sauce aus Sardinen, Pinienkernen, Rosinen, wildem Fenchel und Safran. Ernst Jünger, der 1929 Sizilien bereiste, schreibt über Palermos Nationalgericht: »Da seine Zubereitung große Sorgfalt erfordert, genießt man es am besten im Familienkreis. (...) Die Mahlzeit gibt eine Quintessenz der Landschaft; zu ihr vereinen sich die Fische des Meeres mit dem reinen Mehl, dem Saft der Ölfrucht und den getrockneten Trauben der fruchtbaren Ebene, während Fenchel und Piniensamen die Würze der Berge hinzufügen.«

Ein paar Stände weiter verkauft ein alter Mann Stockfisch, nichts als Stockfisch, der von kleinen Wasserfontänen besprengt wird; »stoccafisso, stoccafisso« ruft er und zieht die Vokale in die Länge, der Klang bleibt in der Seele haften, kraftvoll und melancholisch zugleich. Es ist wie eine Aufforderung, dem Schicksal zu trotzen, auch wenn es einen gelegentlich böse anrempelt. Ein junger Mann – oder ist er noch ein Junge? – verkauft in einer dämmerigen Ladenbude Radiorecorder und Musikkasetten. »New York« von Frank Sinatra legt sich sanft über die »stoccafisso«-Rufe, der Verkäufer wiegt langsam die Hüften, zwei Männer Anfang Zwanzig bleiben stehen. Vielleicht denken sie, sie sollten in Amerika ihr Glück versuchen, so wie die vielen Sizilianer, die vor hundert Jahren ausgewandert sind; hier haben sie eh nichts zu tun, und am Montag morgen träge herumzuhängen ist alles andere als spaßig.

Am Fischstand auf der *Piazza Caracciolo* ist das Gewimmel groß, die Hausfrauen treten sich gegenseitig auf die Füße. Glühbirnen leuchten unter den Markisen, und wer darunterschlüpft, meint, er taucht in ein Aquarium ein: Tintenfischarme, Seeigel, winzige Glasaale,

Muscheln in allen Farben und Größen, Sardinen und Austern. Manche Muscheln, die in Plastikwannen liegen, sondern kleine Wasserfontänen ab. Im Kunstlicht tropfen ständig Bäche von den Auslagen auf den Boden, nie bleibt der Boden in der *Vucciria* trocken, heißt es, die Verkäufer schütten immer wieder Wasser auf ihre Fische, damit sie nicht austrocknen. Der Schwertfisch ist heute ein Prachtexemplar, verkündet der Mann hinterm Tresen und klatscht in die Hände, »siebzig Kilo, *caro*, das bringt deine Frau bestimmt nicht auf die Waage«. Er klopft dem kleinen Mann auf die Schulter und schneidet ihm zwei Scheiben Schwertfisch ab, rosa wie gekochter Schinken. Das Auge des Tieres ist trübe, sieht aus wie eine gestrandete Qualle. Dafür ist das Schwert um so imposanter, man traut ihm zu, daß es mit einem Hieb den Hals des Verkäufers durchtrennen könnte. Der *pesce spada* ist ohne Frage der König des Marktes, und die Glühbirnen leuchten ihn theatralisch aus. Alles ist fangfrisch, das Meer gleich um die Ecke und doch – ein Paradox der Küstenstadt Palermo – niemals da: Entweder ist es von Hafenanlagen zugebaut oder durch Schnellstraßen abgetrennt.

Von den Meeresfrüchten, die jeden Tag frisch auf dem Markt anlanden, kauft Vincenzo Noto kiloweise ein. Seine Markt-Trattoria hat genau sechs Tische, wer hier ißt, sitzt im Wohnzimmer einer sizilianischen Familie – nur daß die Familie in der Küche bleibt und kocht, auf *casalinga*-Art, bodenständig und mit Herzblut. Die Wände sind vollgehängt mit naiven Ölbildern, ein Obstkorb mit glänzenden Früchten hier, eine unspektakuläre Landschaft mit Meer und Bergen dort, daneben Stiche vom vorvergangenen Palermo und vergilbte Schauspieler-Fotos. Vincenzo, genannt Enzo, bugsiert die Gäste zu ihren Plätzen. Der Laden ist um die Mittagszeit sofort voll, die Gespräche schwappen von einem Tisch zum anderen, allein bleibt hier keiner, selbst wenn er es wollte. An meinen Tisch führt Enzo jetzt drei Studenten, die häufiger kommen, man würde nicht viel ausgeben und sehr gut essen, sagen sie. Zwei von ihnen bestellen Spaghetti mit einer schwarzen Tintenfisch-Sauce und dazu Rotwein, ich soll probieren, von den Sardellen und Oliven natürlich auch; dafür revanchiere ich mich mit *Spaghetti ai frutti di mare.* Unsere Teller kreisen, und da die Portionen riesig sind, ist nach mehreren Runden immer noch etwas übrig. Alles schmeckt wunderbar frisch, und Enzos Frau hat die Saucen mit so viel Liebe zubereitet, als würde sie für ihre engsten Verwandten kochen. Mit energischer Stimme ruft Enzo die Bestellungen in die Küche, an seiner rechten Hand blitzt ein Goldring, gekrönt von einem Löwen mit aufgerissenem Maul – nimm dich in acht, mit mir ist nicht zu spaßen. Vielleicht brüllt er wirklich einmal los, denke ich, als Enzo eine neue Weinkaraffe auf den Tisch stellt. Der Kellner, der uns später den Espresso bringt, kommt mir bekannt vor – hat er nicht heute morgen Zigaretten auf dem Markt verkauft?

»Die *Vucciria* ist ein Dorf, die meisten Leute kenne ich seit meiner Kindheit«, sagt Enzo, als wir nachmittags im leeren Lokal zusammensitzen. Ich bin so satt wie lange nicht von dem vielen Fisch; wahrscheinlich liegt er in meinem Bauch wie auf dem Grund des Meeres und sondert noch tagelang Eiweiße ab. Enzo hat die

Vecchia Trattoria mehrere Jahre zusammen mit seinem Vater geführt, bis der eines Tages vor der Tür des Lokals zusammenbrach – Herzinfarkt. Seine Kindheit in der *Vucciria* ist eine trostlose Bilderfolge, die in ihrer Düsternis eine sizilianische Variante von Frank McCourts Roman *Die Asche meiner Mutter* sein könnte. Schon als Kind mußte Enzo auf der *Piazza Caracciolo* Zigaretten verkaufen, brachte er nicht genug Geld nach Hause, wurde er von seinem Vater verprügelt, und häufig schlief er nachts unter einem Torbogen. Als junger Mann ging Enzo nach Turin, arbeitete sieben Jahre bei Fiat – bis die Mutter ihn bat, in der *Vecchia Trattoria* auszuhelfen. 1976, als sein Vater starb, wurde er Chef des Marktlokals. »Der Job ist knallhart, ich habe keine Zeit, mich zurückzulehnen«, sagt Enzo und schiebt ein paar Krümel auf dem Papiertischtuch zusammen. »Aber ich bin heilfroh, daß ich mein eigener *padrone* bin und nicht nach der Pfeife anderer Leute tanzen muß. Wenn mir heute jemand sagt, er sei mein Freund, zieht er mir morgen vielleicht einen Stein über den Kopf. Es gibt nur einen, dem ich traue: mir selbst. Meine Frau und meine Kinder sind meine Freunde, mehr brauche ich nicht.« Das klingt, als hätte Enzo zu viele Cowboy-Filme gesehen, und auch er müsse einer dieser harten Kerle sein. Warum ist er nicht endgültig aus Palermo weggegangen? »Ich möchte einmal dort begraben werden, wo meine Wurzeln sind.« Enzo lehnt sich zurück, die Arme auf der Brust verschränkt, Ende Sechzig ist er, aber sieht deutlich jünger aus. Jeder Tag bedeutet für ihn, neu in den Ring zu steigen, um sich gegen mögliche Feinde zu behaupten. Wahrscheinlich teilt er dieses Lebensgefühl mit vielen anderen, die in der *Vucciria* groß geworden sind. »Lassen Sie uns noch einen Moment rausgehen, ich brauche Luft.« Enzo steht auf und winkt mich nach draußen.

Langsam gehen wir zur *Piazza Caracciolo*, es sind nur ein paar Schritte. In der Mitte bleibt Enzo stehen und zündet sich eine Zigarette an. Fliegende Händler haben ihren Billigramsch auf dem Boden ausgebreitet: Uhren, Radiogeräte, Nagelscheren, Gürtel, Handtaschen aus Kunststoff. In einer Ecke verkauft ein Mann Panini mit Kalbsmilz, ein würziger Geruch liegt in der kühlen Märzluft. In einem Hauseingang lehnt ein abgerissener Typ neben einer Vespa, ein Grauhaariger mit Ledertäschchen kommt dazu, blitzschnell geht der Handel, ein kleines Paket gegen ein Bündel Scheine.

»Vor ein paar Jahren war auf dem Markt mehr los und das Lebensmittel-Angebot größer«, sagt Enzo. »Mittlerweile sind viele Leute in die Neubauviertel am Stadtrand gezogen, und den Händlern bleiben die Kunden weg.« Ein alter Mann mit ausgelatschten Schuhen kommt vorbei, Enzo drückt ihm ein paar Scheine in die Hand, er soll für die Trattoria frischen Fisch besorgen. Wir stehen eine ganze Weile zusammen, reden ausführlich über das Marktangebot und das Wetter, allmählich frage ich mich, was wir hier eigentlich tun. Ständig wird Enzo von irgend jemandem gegrüßt, meist nickt er zurück, er ist eindeutig eine Respektsperson. Nach einer weiteren Viertelstunde lächelt Enzo freundlich und sagt: »Ich denke, ich kann jetzt gehen. Ich bin sicher, Ihnen wird hier nicht das Geringste passieren.« Das ist es also: Der Smalltalk war eine Vorsichtsmaßnahme. Wer mit Enzo gesehen wird, kann seelenruhig durch die *Vucciria* spazieren.

Jetzt schüttelt mir der Sizilianer die Hand, und ich muß versprechen, bald wieder Meeresfrüchte in seinem Wohnzimmer zu essen. Dann wünschen wir uns höflich alles Gute im Leben. An Enzos Mittelfinger blitzt der goldene Löwe und brüllt.

In den Katakomben: Der Professore kann nicht schlafen

Sein Kopf ist leicht gesenkt, die Arme hängen schlaff herunter. Trotzdem habe ich das Gefühl, Signor Prestigiacomo erwartet mich. Mit seiner linken Pupille winkt er mich zu sich heran, und langsam gehe ich auf ihn zu. Als ich direkt vor dem Signore stehe, ist der Blickkontakt unterbrochen: Sein rechtes Auge ist scharf nach außen gedreht, als wolle er mich gleich wieder loswerden. Vielleicht möchte er gar nicht angeschaut werden. Die schwarzen Haare sehen aus wie verfilzte Wolle, das Hemd unter dem Sackleinenumhang ist zerrissen, und auch sein Gesichtsausdruck hat etwas Zerschlissenes. Seit mehr als 150 Jahren steht der Mann mit dem Begrüßungs- und dem Verabschiedungsauge da, unter blau schimmerndem Neonlicht. Hätte er geahnt, daß er eine so traurige Figur macht, hätte er sich vielleicht nicht für die Nachwelt konservieren lassen.

Allerdings sieht Signor Prestigiacomo, der für teures Geld aufwendig mumifiziert wurde, noch gut aus im Vergleich zu den meisten Elendsgestalten hier. Sie alle waren zu ihren Lebzeiten angesehene Bürger – Ärzte, Rechtsanwälte, Offiziere, Künstler und Handwerker –, und ihre Familien hielten es für ein Privileg, Angehörige in den Katakomben zu »begraben«. Ursprünglich war dieser Brauch den Kapuzinermönchen vorbehalten, wurde bis zum Ende des 19. Jahrhunderts aber auch von wohlhabenden Bürgern genutzt. Regelmäßig kamen die Familien zu Besuch, brachten neue Kleider, rückten und zupften an den Verblichenen herum, damit sie eine gute Figur machten. Wenn schließlich keiner mehr kam, begann der endgültige Verfall.

Wer heute die Katakomben besucht, wird zum Voyeur der Vergänglichkeit. Häufig muß ich mich zwingen, weiterzugehen. Ich sehe in Lumpen gehüllte Knochenwesen, einige mit Stroh ausgestopft, viele haben Schlagseite, als wären sie betrunken, die Köpfe gesenkt, verrenkt, wüst verdreht, der Unterkiefer bis zum Hals heruntergekippt, oder er steht im spitzen Winkel ab. Nur mühsam halten sich die Ärmsten von Palermo auf den Beinen, und wenn einer fällt, reißt er den Nachbarn mit und der wiederum seinen Nächsten und so fort. Ich blicke in Hunderte leere Augenhöhlen, schaue in Münder, die wütend, erschrocken, höhnisch aufgerissen sind. Erst langsam und dann schneller und schneller laufe ich, anders ist diese *marche funèbre* durch Palermos Unterwelt mit ihren rund 8000 Toten kaum zu ertragen. Zwei Baby-Skelette liegen in Holzsärgen und sehen aus wie verendete Schalentiere. Von der Eingangstür kommt ein Windhauch und läßt die Fransentücher, mit denen die kleinen Särge ausgeschlagen sind, beben – ein makabres Schauspiel und nicht einmal inszeniert. Die größeren Mädchen haben Tücher um den Kopf geschlungen und sehen mit ihren verrotteten Gesichtern aus wie kleine Hexen. Nicht weit von den Kindern beginnt der Frauengang – die Geschlechter sind in den Katakomben bis auf ein paar Ausnahmen streng getrennt. Die Frauen haben es hier besser als die Männer: Sie müssen sich nicht mühsam aufrecht halten, sondern dürfen liegen, Drahtgitter schirmen sie gegen die Blicke der Touristen ab.

Kurz vor Ende des Rundgangs komme ich zu einer pompösen Kapelle, die ganz im Kontrast zu den kargen Gängen steht. Unter einem Glasdeckel liegt die kleine Rosalia, die Trostspenderin der Katakomben, in ihrem Sarg. 1920, im Alter von zwei Jahren, starb das Mädchen aus gutem Hause und wurde einbalsamiert, ein schlafender Engel mit blonden Locken und Goldschleife auf dem Kopf. So hat selbst das Reich der Toten eine eigene Dramaturgie, die mit einem versöhnlichen Schlußbild ausklingt. Unentschieden stehe ich vor dem nicht ganz kitschfreien Goldkind und bedauere, daß ich für derlei Seelenbalsam so wenig empfänglich bin.

Auf einmal merke ich, daß mir kalt geworden ist. Verdammt, ich habe meinen Schal verloren. Soll ich noch einmal zurückgehen und ihn suchen? Besser ja, nichts Persönliches hier lassen, das könnte Unglück bringen, denke ich und laufe los. Schließlich sehe ich den Schal im sogenannten »Lehrergang« auf dem Boden liegen, gegenüber einer zerfledderten Gestalt, die in einen schwarzen Umhang gehüllt ist. Den Kopf hält er einigermaßen gerade, als wäre er sich diesen Rest von Selbstdisziplin schuldig. Ob der Mann zu seinen Lebzeiten tatsächlich Lehrer war? Als ich mich nach meinem Schal bücke, wird mir auf einmal schwindelig, und ich setze mich schnell hin. »Ganz richtig, ich bin *Professore*«, höre ich jetzt eine Stimme. Unwillkürlich zucke ich zusammen. »Ich habe immer sehr gern unterrichtet.« – »Ach ja?« Das war meine Stimme, ein bißchen dumpf, wie unter einer Glasglocke. »Ich gäbe etwas drum, wenn meine Leute mich nicht vor 150 Jahren hierhergebracht hätten. Jetzt sind sie sowieso alle tot, und ich stehe nur rum. Die Tage tröpfeln einfach so weg, ich bin nicht glücklich, aber auch nicht unglücklich. Zum Zeitvertreib male ich oder schreibe gelegentlich Tagebuch.« Ich riskiere einen kurzen Blick in seine leeren Augenhöhlen. – »Aber, aber wenn …«, stottere ich. »Ja, bitte?« Der Lehrer ist sehr höflich. »Wenn Sie einen Wunsch offen hätten«, höre ich mich sagen, »welcher wäre das?« – »Ich möchte schlafen, Stunden, Tage, Wochen, Jahre, aber ich kann nicht. Es ist furchtbar anstrengend, mit offenen Augen tot zu sein. Und selbst die Lebenden sind kein Trost. Auch heute haben die Leute ständig Probleme am Hals. Es lohnt sich nicht, dafür wach zu bleiben.« – »Haben Sie denn keine Chance, irgendwann zur Ruhe zu kommen?« – »Ich weiß es nicht. Neulich ist eine Mumie von der Wand gefallen und in tausend Teile zersplittert. Der glückliche Mann! Es war unmöglich, ihn wieder zusammenzusetzen, und so ist er dann begraben worden. Aber ich fürchte, ich bin noch zu gut erhalten, um einfach herunterzukippen. Und wenn ich ständig darauf hoffe, passiert es nicht.« – »Sie sind abergläubisch?« – »Alle Sizilianer sind abergläubisch.« – »Aber wie können Sie damit leben, ich meine tot sein, wenn Sie keine Perspektive haben?« – »Wissen Sie, wir Sizilianer haben Übung darin, die Dinge geschehen zu lassen. Wir haben so viele Jahrhunderte unter Fremdherrschaft gelebt, da stellt sich eine gewissse Resignation ein. Warum sollen wir uns für etwas aufreiben, wenn uns das Schicksal doch wieder in eine andere Richtung wirft? Zu allem Überfluß haben wir Vulkanausbrüche, Erdbeben, Dürrezeiten und, nicht zu vergessen, die Mafia. Sizilien ist eine einzige Unberechenbarkeit. Da wäre es doch Sünde, für den nächsten Tag zu planen.« – »Aber macht es nicht mürbe, nie zu wissen, was auf einen zukommt?« – »Nein, im Gegenteil, das ist Teil des Spiels. Finden Sie einen Sizilianer, der Ihnen sagt: Heute abend gehe ich ins Theater. Vielmehr wird er sagen: Ich habe vor, ins Theater zu gehen. Er kalkuliert mit ein, daß er durch höhere Gewalt verhindert wird. Oder abends schlicht keine Lust hat. In unserem Dialekt gibt es bezeichnenderweise keine Zukunftsform. Sizilianer sind Meister des Möglichen, für sie ist immer alles im Fluß. Das hat den Vorteil, daß sie sich an Illusionen klammern können. Und sich nicht aufregen müssen, wenn gar nichts passiert.« Der *Professore* macht eine Pause. »Ich hoffe, ich langweile Sie nicht?« – »Nein, überhaupt nicht«, sage ich, »aber Sie sind womöglich müde?« – »Ich bin immer müde.« – »Vielleicht könnte man, ich meine, könnte ich etwas nachhelfen, damit Sie eher von der Wand ...?« – »Um Gottes willen, nein. Wir dürfen dem Schicksal nicht ins Handwerk pfuschen und Untote wie ich schon gar nicht.«

In diesem Moment höre ich ein lautes Krachen und schrecke hoch. Jemand hat eine Tür aufgemacht und wieder zufallen lassen. Mein Nacken fühlt sich steif an, mein Kopf eher wattig. Wie lange habe ich wohl hier gesessen? Ich höre Schritte, ein Wärter kommt auf mich zu. »Wir schließen gleich. Bitte gehen Sie zum Ausgang zurück.« Er lächelt. Wahrscheinlich ist er froh, daß sein Arbeitstag in den Katakomben zu Ende ist. Auch ich bin froh, diesen schaurigen Ort zu verlassen. Andererseits hat der Lehrer bestimmt noch viel zu erzählen. Also gut, morgen komme ich wieder, ein letztes Mal. Zumindest, auf gut sizilianisch, habe ich es vor.

Das verlorene Paradies – Dacia Marainis Bagheria

Gäbe es einen Preis für die langweiligste Straße Siziliens, so etwas wie den »Grauen Pflasterstein«, würde ich ihn dem *Corso Butera* in Bagheria verleihen. Er beginnt unweit vom Bahnhof und zieht sich ewig lang bis ins Zentrum hoch. Kaum Bäume, viele farblose zweistöckige Häuser, denen man förmlich beim Wegbrökkeln zuschauen kann. Erst auf den zweiten Blick sehe ich hier und da einen schönen Fries oder ein verspieltes Ornament – an solchen Ausschnitten muß man sich festhalten, wenn die Fassade insgesamt verwahrlost wirkt. Die großen Villen, die reiche Adelige im 18. Jahrhundert in Bagheria errichten ließen, strahlen Glanz und Katzenjammer zugleich aus. Immer wieder habe ich das Gefühl, daß sie Opfer einer großen Verschwörung geworden sind: Man läßt sie einfach so lange in Ruhe, bis die Zeit ihnen irgendwann den Todesstoß gibt.

Auch die barocke *Villa Palagonia*, nicht weit vom Corso entfernt, wirkt zerschlissen, die Gelb- und Ockertöne sind verblaßt, wer weiß, wann mir eine der Mauern entgegenfällt. Immerhin wird die Vorderfront gerade restauriert, und vielleicht sind die anderen Teile auch irgendwann dran. Wer das Innere der Villa betritt, ist zunächst überrascht, denn die Säle strahlen immer noch luxuriöse Prachtentfaltung aus. Da ist zunächst die Eingangshalle, geformt wie eine Ellipse, in der auf üppigen Fresken die Heldentaten des Herkules dargestellt sind. Der Höhepunkt aber ist ein großer Saal mit bunten Marmorplatten an den Wänden und einer komplett verspiegelten Decke, die den Himmel darstellen soll. Wer unten steht, schaut automatisch nach oben: Wann hat man das schon, sich zugleich auf der Erde und im Himmel wiederzufinden?

Wer schließlich ins Freie geht, kann sich noch einmal wundern: Hier ist buchstäblich der Teufel los. Auf den Mauern tanzen Zwerge, Nymphen, Drachen, Monster und Musikanten, sie haben eingefallene Augen, abgeplatzte Nasen und leere Münder, viele sind in den Proportionen grotesk verzerrt. Prinz Ferdinand von Palagonia, ein kultivierter Exzentriker, ließ sie Mitte des 18. Jahrhunderts errichten. Er wollte seine Zeitgenossen schockieren, wollte ihre Begeisterung für Äußerlichkeiten und Schein ad absurdum führen. Johann Gottfried Seume nennt ihn in seinem berühmten *Spaziergang nach Syrakus* den »Patron der Ungeheuer«, der in der Nähe von Palermo »das Tabernakel seiner ästhetischen Mißgeburten aufschlug«. Auch Goethe, der die Villa besichtigte, war geschockt von dem Kabinett der Scheußlichkeiten. Zu seiner Zeit waren die Figuren noch intakt und ragten konkurrenzlos in den Himmel hinauf. Heute ist die *Villa Palagonia* mit ihren schönen verspielten Freitreppen und barocken Schnörkeln verbaut: Die hohen Mietsklötze drum herum nehmen ihr die Luft zum Atmen, und die rund sechzig Fabelwesen müssen damit leben, daß sie nicht mehr Fernsicht haben. Ein Trost ist ihnen vielleicht der wunderschöne Garten: Selbst im Winter wirkt er strotzend mit seinen Zitronen- und Apfelsinenbäumen, Mimosen und Palmen. Dazwischen wachsen Strelizien mit ihren orange- und lilafarbenen

Blüten, und in verwunschenen Ecken stehen alte Olivenbäume.

Die *Villa Valguarnera*, wenige Schritte von der *Villa Palagonia* entfernt, ist dagegen fürs Publikum gesperrt; ich sehe sie nur von weitem durch ein schmiedeeisernes Tor. Auch dieser verblichene Prachtbau kommt mir wie eine Insel vor, die inmitten der wuchernden Neustadt eines Tages versinken könnte. Es sei denn, ein gnädiger Sponsor oder die Kommune gibt ihr den alten Glanz zurück. Ein Polizist, der vor dem Tor auf und ab geht, weiß über die Geschichte Bescheid: Nach dem Krieg wohnte ein paar Jahre die Schriftstellerin Dacia Maraini in der Villa, allerdings nicht im Haupttrakt, sondern in einem Seitenflügel. Heute, sagt er, lebt eine entfernte Verwandte der Maraini hier, die Principessa Alliata. Wie aus dem Märchen klingt dieser Name – wer weiß, ob sie überhaupt existiert.

Chi esce, riesce. Wer weggeht, hat Erfolg, lautet ein sizilianisches Sprichwort. Dacia Maraini, 1936 in Florenz geboren, ist in Bagheria und Palermo aufgewachsen. Sizilien war die Heimat ihrer Mutter, die aus einer alten aristokratischen Familie stammt. Schon als junges Mädchen fühlte sich Dacia auf der Insel eingeengt: Sie verließ Sizilien und zog nach Rom, wo damals ihr Vater lebte. Später wurde die Feministin eine der berühmtesten Autorinnen Italiens. Ihr Bestseller *Die stumme Herzogin* (1990), eine wunderbar farbige Familiengeschichte, spielt im 18. Jahrhundert und über große Strecken in Bagheria. Hauptfigur ist eine Vorfahrin von Dacia Maraini: die Herzogin Marianna Ucrìa, die mit dreizehn ihren mißmutigen »Herrn Onkel« heiraten muß. Als sie fünf Jahre alt war, wurde sie von ebendiesem Onkel sexuell mißbraucht. Die Antwort des Mädchens war stummes Entsetzen – sie hörte auf zu sprechen.

Dacia Maraini kam 1947 an den Ort, wo im 18. Jahrhundert die Adeligen ihre Sommer verbrachten. Es waren die Nachkriegsjahre, und die Zeiten aristokratischer Prachtentfaltung lagen lange zurück. Die Marainis hatten wenig Geld und schlüpften in einem Winkel der riesigen *Villa Valguarnera* unter, wo eine Reihe von Verwandten der Mutter lebten. Dacia bewohnte mit ihren Eltern und den beiden Schwestern drei winzige Zimmer mit Blick auf den Hühnerstall. Eine Heizung gab es nicht, nur einen alten Ofen, und im Winter war es manchmal empfindlich kalt. »Obwohl wir uns sehr einschränken mußten, waren es glückliche Jahre«, sagt die Schriftstellerin, als ich sie auf einer ihrer Lesereisen in Berlin treffe. Heute fährt sie nur noch selten nach Bagheria, und trotzdem erzählt sie so lebendig von dem Kindheitsort, als wäre das alles nicht lange her. Mit der Wohnung verbindet Dacia Maraini vor allem die Tür zum Garten, eine magische Tür, denn dahinter begann eine andere Welt: Zitronen- und Orangengärten, ein Olivenhain, der bis zum Meer herunterreichte, und immer wieder der Duft von Jasmin. »Die Natur hat mich berauscht«, sagt sie. »Häufig sind wir mit dem Fahrrad losgefahren, zum Beispiel nach Aspra, das war damals ein Fischerort. Hier saßen die Stuhlflechter vor ihren Häusern und verarbeiteten große Mengen von Stroh. Die Felsen, das Meer, der salzige Geruch und das Baden im klaren Wasser – all das zusammen war wunderbar.« Etwa drei Kindheitsjahre hat Dacia Maraini in der *Villa Valguarnera* verbracht, aber die Eindrücke sind so intensiv, als wären es viel mehr Jahre gewesen. Was sie erlebte, war Sinnlichkeit im Überfluß, die später wie ein Brunnen ihre Sizilien-Bücher speist.

Auch *Bagheria*, Dacia Marainis autobiografische Spurensuche, lebt davon. Gleichzeitig handelt das 1993 in Italien erschienene Buch von einem verlorenen Paradies. »Wenn ich heute nach Bagheria fahre, empfinde ich eine ungeheure Melancholie. Die Villa ist nie von Grund auf saniert worden und verfällt Stück um Stück. Wenn ein Mörtelbrocken vom Dach herunterkommt, wird genau an der Stelle nachgebessert, und das war's. In der Villa hingen wunderbare Gemälde, der Garten war voller Statuen, aber dann haben Diebe fast alles weggeschafft. Früher sah ich von der Terrasse nur Landschaft und Meer, heute blicke ich auf schreckliche Wohnhäuser, acht bis zehn Stockwerke hoch, sie sind das Ergebnis einer wilden Immobilienspekulation.« So existiert Bagheria als magischer Kindheits-Ort nur noch in ihrer Fantasie. Bis auf ein paar »Fragmente von verlassenen alten Villen« erinnert sie nichts mehr an die alte »Großartigkeit« des Ortes.

Einmal jedoch gerät Dacia Maraini in ihrem Buch regelrecht ins Schwärmen. Es geht um Eis – eine Nationalspeise der Sizilianer, die ihnen dabei hilft, die heißen Monate einigermaßen zu überstehen. Schon morgens, zum Frühstück, wird in Sizilien *granita*, Wassereis, gegessen. Bagheria ist, wie die Autorin schreibt, berühmt für seine »Zuckerkapricen«, denn schon im 15. Jahrhundert wurde auf den Feldern Zuckerrohr angebaut. »Auch heute noch wird in Bagheria vorzügliches Eis hergestellt: kleine Schokoladenblumen, gefüllt mit aromatischer, weicher Eiskrem aus Jasmin, Minze, Erdbeeren, Kokosnuß. Ganz zu schweigen vom traditionsreichen ›Meloneneis‹, das nicht wirklich Eiskrem ist, wie man meinen möchte, sondern ein korallenrotes Gelee aus Wassermelone, das mit Schokoladensplittern durchsetzt ist. Und was soll ich erst sagen vom ›gelato di campagna‹, einer Art gefrorenem Zucker-Torrone in zarten Farben, in dem sich köstlich der Geschmack von Pistazien mit dem von Mandeln und Vanille vermischt!« Wenn die Autorin heute nach Bagheria kommt, vermittelt ihr zumindest das Eis, Kindheitssymbol schlechthin, immer noch einen Hauch von Paradies.

Dacia Marainis Buch, das in Italien zum Bestseller wurde, ist eine eigenartige Mischung aus poetischer Rückschau und politischer Anklageschrift. Die Autorin macht darin öffentlich, was längst bekannt war, aber keiner offen zu sagen wagte: Bagheria war eine Mafia-Stadt. Oder, wie es nach Erscheinen des Buches in einem Dekret des italienischen Innenministers heißt: »Die Kommunalverwaltung Bagherias ist durchlässig für Konditionierungen von seiten krimineller Mafia-Organisationen.« Daraufhin wurde in der Stadt die Gemeindeverwaltung aufgelöst und ein Kommissariat eingerichtet, um den mafiösen Drahtziehern den Prozeß zu machen. So hatte Dacia Marainis Buch, das in der deutschen Ausgabe den harmlosen Untertitel »Eine Kindheit auf Sizilien« trägt, eine ungeheure politische Wirkung. In Bagheria ist die Autorin seitdem Persona non grata, zu Lesungen oder kulturellen Veranstaltungen wird sie nicht eingeladen, während sie in Catania oder Agrigent immer wieder öffentlich auftritt.

Vor allem aber ist *Bagheria* eine Familiengeschichte, und die Porträts sind so lebendig, daß man glaubt, alle Tanten, Onkel, Eltern und Großeltern durch die verschiedenen Flügel der Villa schlendern zu sehen. Da ist zum Beispiel Sonia, die exzentrische Großmutter chilenischer Abstammung: Ihr Leben lang leidet sie darunter, daß sie keine berühmte Opernsängerin geworden ist und sich mit Auftritten bei Wohltätigkeitsveranstaltungen begnügen muß. Oder die dünkelhafte Tante Saretta, eine strenge Katholikin, die später in der aufmüpfigen Dacia einen »degenerierten Sprößling der Familie« sieht. Und da ist der geliebte Vater, den Dacia vergöttert und der sich doch als flatterhafter Gott erweist: Als er seine Familie in Bagheria untergebracht hat, geht er immer wieder auf Reisen, nach Tibet, Japan, China, wo er als Ethnologe arbeitet. Die Tochter hat dem Vater seine Alleingänge nie verziehen: Sie fühlte sich in ihrer Liebe verraten.

Als Dacia dreizehn ist, zieht die Familie nach Palermo. »Den Umzug in die Stadt empfand ich als großen Einschnitt. Ich war kein Kind mehr, sondern ein junges Mädchen und stand jetzt unter ständiger Beobachtung der Nachbarn. Ich konnte nicht allein zur Schule oder zum Tanzen gehen, immer nur in Begleitung. Wenn ich die Augen nicht gesenkt hielt, begannen die Leute zu tuscheln. Sooft ich konnte, bin ich in die Umgebung, nach Bagheria oder Aspra geflohen«, sagt die Autorin. Insofern beschreibt *Bagheria* letztlich einen mehrfachen Verlust: Dacia Maraini hat als junges Mädchen ihr Kindheitsparadies verlassen müssen, das heute nicht mehr existiert, und sie hat die Liebe des Vaters verloren.

Bevor Dacia Maraini mit ihrem Erinnerungsbuch beginnt, besucht sie Zia Saretta noch einmal in der Villa und läßt sich von ihr durch die Säle führen. Auch das Porträt der Marianna Ucrìa, das die Autorin von Kindheit an kennt, sieht sie nach langer Zeit wieder. Den Gesichtsausdruck ihrer Ahnin, der »stummen Herzogin«, beschreibt sie in *Bagheria* als »resolut und hoffnungslos«. In der Hand hält die Sprachlose ein Blatt Papier, anders kann sie mit der Außenwelt nicht kommunizieren. So hat das geschriebene Wort in der Familie Alliata schon immer eine große Bedeutung. Später entwirft Felicita, die schwärmerische Schwester von Dacias Großvater, eine Familiengeschichte. Nach ihr übernimmt Dacia Maraini den Stift.

Zia Saretta ist gestorben, jetzt lebt nur noch Vittoria Alliata, Dacias Kusine zweiten Grades, in einem Trakt der Villa, den sie für sich restauriert hat. Die unbewohnten Flügel des Hauses bröckeln weiter. »Keine Privatperson kann eine solche Villa unterhalten«, sagt Dacia Maraini. »Mein Ideal wäre, daß sich die Stadt darum kümmert und ein Museum oder ein Studienzentrum einrichtet. Die Villa hat wunderbare Säle, schöne Fresken und einen spektakulären Garten. Es wäre doch ein Jammer, wenn das alles für die Öffentlichkeit nicht zugänglich ist.«

Bis es soweit kommt, werden bestimmt noch viele Mörtelbrocken von der Decke fallen. Und die stumme Herzogin, die sich nur in Briefen Gehör verschaffen kann, wird noch eine Weile allein bleiben müssen.

Maria Grammatico, die heimliche Königin von Erice

Aphrodite war hier, in frühen, mythischen Zeiten. Einst stand ihr prächtiger Tempel auf dem Berg, der heute von der kleinen Stadt Erice dominiert wird. Errichtet hatte ihn Aphrodites Sohn Eryx, der über einen Teil Siziliens herrschte. Bis in die römische Zeit hinein wurde auf dem 750 Meter hohen Berg der Venuskult gefeiert. Priesterinnen empfingen die ausgebrannten Seeleute, die den Tempel schon von weitem sahen, befreiten sie von ihrem Lust-Stau und nahmen für ihre Dienste Opfergeschenke entgegen. Heute sind Aphrodites Spuren verwischt, von ihrem Tempel ist nichts erhalten und die heilige Prostitution nur noch Legende. Der einstige Liebesberg ist jetzt über eine Serpentinenstraße bequem zu erreichen.

Wer an einem beliebigen Punkt in der verwinkelten Stadt aussteigt, merkt sofort: Hier geht die Lust durch den Magen, und das Objekt der Begierde heißt nicht Aphrodite, sondern *pasta reale*, Marzipan. In den Konditoreien stapeln sich die Mandelkekse in unzähligen Variationen, bunt verziert, schokoladenüberzogen, rumgetränkt, zu Orangen, Melonen oder Kaktusfeigen geformt. Die Türme sind so hoch gebaut, daß sie eigentlich jeden Moment zusammenfallen müßten, aber irgendwie hält der Zucker sie zusammen. Wer sich einen Tag lang von einem Laden zum anderen schlemmt, sollte eine Flasche Grappa im Gepäck haben und keine Diätambitionen – *pasta di mandorla* ist, wie jeder weiß, pures Hüftgold. Und es gibt kaum jemanden, der sich nicht ein Paket für den Rückweg einpacken läßt – Touristen, ich auch, sind Jäger und Sammler, und ohne Trophäe verläßt keiner den Ort.

Im Sommer ist Erice eine Stadt im Belagerungszustand. Reisegruppen verstopfen wie Korken den Zugang zu den gewundenen Gassen, häufig muß ich anstehen und abwarten, bis das rumpelige Kopfsteinpflaster wieder passierbar ist. Selten sind sich Japaner und Amerikaner so dicht auf den Leib gerückt, auch die Sprachen verquirlen sich. Nur die dunklen Häuser in den mittelalterlichen Gassen weichen nicht zurück, sondern bewahren jahraus, jahrein Gleichmut.

Im Winter ist Erice ein einsamer Ort. Wenn die Wolken tief über den Kirchtürmen und Kastellen hängen, ist die Luft schneidend kalt, und ich sehne mich nach der Ebene zurück, nach den leuchtenden Orangenplantagen und Mimosen. Dann reißen die Wolkenknäuel mit einem Mal auf, und aus den grün bewachsenen Felsen erheben sich die Türme der Festungen gestochen scharf. Der Blick geht jetzt im Westen zu den Ägadischen Inseln, drei buckelige Fabeltiere im Meer, nach Osten zum Ätna und im Süden, wenn der letzte Dunst sich hebt, bis nach Afrika. Und plötzlich überkommt mich an einem der höchsten Orte Siziliens Fernweh: Vielleicht sollte ich heute nacht die Fähre zur Vulkaninsel Pantelleria nehmen, die kurz vor Tunesien liegt und zart am Horizont zu erkennen ist. Doch dann verschwindet die Insel im Meer, als sei sie nie dagewesen, und ich bin wieder in Erice.

Wenn die Tage kürzer sind, weiten sich die Gassen der Stadt, und jeder kann in Ruhe stehenbleiben, wo er will. Die *dolci ericini*, die einheimischen Zuckerbomben, schmecken jetzt am besten. Je kälter es ist, desto mehr kann man davon essen, im Sommer braucht man pro Stück ein Glas Wasser. Während die meisten Bäckereien ihre Schaufenster mit Kekstürmen komplett zugestellt haben, hält sich ein Laden in der *Via Vittorio Emmanuele* auffällig bedeckt: nur ein paar Anstandskekse im Fenster, kein einziges Werbeschild. So viel Understatement macht neugierig. Als ich die *pasticceria* betrete, sehe ich, daß die Keks-Pyramiden weiter hinten aufgebaut sind – ganz ohne geht es offenbar nicht. Über ihnen, auf der langen Theke, tummeln sich ganze Herden von Lämmern – *Pasqua*, Ostern, steht bevor. Jedes Lamm hat ein eigenes Gesicht, mit Augenbrauen und einem roten Schminkmund. Dafür, daß sie bald gegessen werden, blicken sie ausgesprochen fröhlich drein.

Maria Grammatico, die Chefin, ist Mitte Sechzig und sieht fast asketisch aus neben dem mit Blumen und Schleifchen vollgehängten Oster-Altar: kurze braune Haare, dunkler Rollkragenpullover unter weißer Schürze, die sanften Augen ungeschminkt. Sie winkt mich in ihre Küche, die Backstube und Kitsch-Schmiede in einem ist: Auf dem Tisch liegt ein fußballgroßer Klumpen Marzipan, zwei junge Frauen formen daraus die Lämmer. Dann spritzen sie mit einer Tülle das kringelige Fell auf, und die Chefin malt mit bunter Lebensmittelfarbe die Gesichter. Daß die Kunst am Lamm vergänglich ist, hat für Maria Grammatico, die als beste Süßbäckerin von Erice und Umgebung gilt, keine Bedeutung. »Wenn ich mit den Händen etwas formen kann, bin ich glücklich«, sagt sie. Alles, was von der Küche in den Laden geht, wird von ihr noch einmal gegengeschmeckt – kein Wunder, daß sie den Süßkram oft satt hat und zu Hause am liebsten Salat und Gemüse ißt. In ihrem Laden und dem zugehörigen Café beschäftigt sie je nach Saison zehn bis zwanzig Angestellte – darunter auch ihre beiden Brüder.

Als sie mir ihre Lebensgeschichte erzählt, habe ich das Gefühl, Maria Grammatico zitiere aus einem unglaublichen Roman, den sie vor kurzem gelesen hat. Der davon handelt, wie verflucht eine Kindheit sein kann und wie man sie am Ende doch überlistet. Und der eine Frau im Sizilien vor dreißig, vierzig Jahren in den Mittelpunkt stellt, die unverheiratet ist und gegen viele Widerstände zur erfolgreichen Unternehmerin wird. Daß Maria Grammatico die Protagonistin dieser Geschichte ist, vergesse ich immer wieder – vielleicht liegt das an ihrer großen Bescheidenheit. So wie sie auch nur kurz nickt, als ich ihre köstlichen Kekse lobe – am liebsten mag ich die mit den rumgetränkten Rosinen. Während ich einen nach dem anderen esse, bis ich irgendwann zu träge zum Aufstehen bin, rührt sie selbst keinen einzigen an.

Als Maria elf Jahre alt war, starb ihr Vater, den sie sehr geliebt hat, die Mutter mußte die sechs Kinder allein durchbringen. Maria, die Älteste, wurde in das Kloster *San Carlo* in Erice geschickt, das gleichzeitig Waisenhaus war. Fast ein Jahr lang hat Maria ihre Mutter nicht gesehen: Die Nonnen ließen sie nicht herein, weil sie schwanger war – ein unzumutbarer Anblick für die jungen Mädchen, befanden die heiligen Schwestern. Und erzählten Maria, *la mamma* habe sie für immer im Stich gelassen. So begann die Elfjährige ihre Mutter zu hassen. Erst als sich die beiden schließlich wiedersahen, konnte die Mutter alles erklären. So begann Maria die Nonnen zu hassen – ihre Strenge, ihre Schikanen, ihre Heuchelei. Wenn im Dorf jemand starb, mußten die Mädchen mehrere Stunden lang den Trauerzug begleiten – verschleiert, ein Taschentuch in der Hand, das Gesicht möglichst verheult, obwohl sie den Toten meist gar nicht kannten.

Auch bei der Arbeit – die Nonnen stellten Marzipankekse her und verkauften sie im Kloster-Laden – gab es kein Pardon: Von drei Uhr morgens an stand Maria in der Backstube und mußte bis zum Spätnachmittag durchhalten. Klappte sie vorher zusammen, wurde sie bestraft. Beliebt war die Methode, die »Sünderin« hungrig in der Mitte des Speiseraums knien zu lassen, während alle Blicke auf ihr ruhten. Zu essen gab es Pasta mit Bohnen, Pasta mit Kartoffeln, Pasta mit Blumenkohl, Pasta mit Tomatensauce und am Sonntag Pasta mit Fleisch, ansonsten sehr viel Brot und einmal im Jahr *gelato*. Gehungert hat Maria nicht – außer an den Tagen, an denen sie das Essen ungenießbar fand und ins Klo gekippt hat. Eines hat sie in dieser Zeit immerhin gelernt: wie man die besten Marzipan-Kekse herstellt. »Die Nonnen wollten nicht, daß wir ihre Rezepte mitschrieben, sie achteten darauf, ihre Geheimnisse für sich zu behalten. Deshalb durften wir bei der Arbeit die Augen nicht vom Tisch heben. Wenn ich keinen Dienst hatte, habe ich durch eine Luke spioniert. Alles, was ich in meinem Beruf kann, habe ich von den Nonnen geklaut.« Triumph schwingt mit, als sie das sagt, aber auch Bitterkeit. Bei jemandem arbeiten zu müssen, der sein Wissen nicht weitergeben will, empfand sie als desolat – jeder Lehrling darf seinem Meister in die Karten gucken. Gerade das Versteckspiel bestärkte sie in ihrem Drang, jede einzelne Zutat grammgenau aufzuschlüsseln. »Damals schon hatte ich die Idee, irgendwann einen eigenen Laden aufzumachen. Gleichzeitig fürchtete ich mich vor der Welt draußen. In den zehn Jahren, die ich im *San Carlo* war, bin ich nur wenige Male herausgekommen. Ohne einen besonderen Anlaß – etwa die Hochzeit eines Cousins – ließen uns die Nonnen nicht gehen.«

Die verlorenen Jahre. Die vom Schicksal gestohlenen Jahre. Maria Grammatico hatte immer das Gefühl, sich diese Zeit wiederholen zu müssen. Zwar konnte sie die Kasernierung im Kloster nicht rückgängig machen, dafür aber, endlich, ein selbstbestimmtes Leben führen. Vielleicht hat die warmherzige Sizilianerin mit den zwei, drei Funken Traurigkeit in den Augen deshalb immer so viel geschuftet. Als sie 24 ist, mietet sie in Erice einen kleinen Laden. Ein Tischler zimmert ihr den Tresen, den sie in Raten abstottert, den Ofen bekommt sie geschenkt; Mandeln und Zucker kauft Maria von ihren wenigen Ersparnissen. Die Mutter und ihre Geschwister arbeiten mit, sie selbst steht bis zu achtzehn Stunden in der Backstube. Und wunderbarerweise hat sie Erfolg: Die Kasse klingelt, und die Nonnen platzen vor Wut, daß sich der Rezeptklau für Maria Grammatico auch noch auszahlt.

Viele Einheimische fühlen sich allerdings provoziert. Die *Signorina* ist alleinstehend, Geschäftsfrau und noch dazu Chefin – Gründe genug, um sie für verrückt zu halten, manche schimpfen sie sogar eine Prostituierte. »Ich habe mich von alldem nicht beirren lassen, aber natürlich hat es mir etwas ausgemacht«, sagt Maria Grammatico. Als sie 37 ist, wird sie schließlich doch noch *Signora:* Sie heiratet einen Kellner, in den sie sich verliebt hat und der deutlich älter ist als sie. Francesco wechselt in ihren Betrieb und hat gelegentlich Probleme, daß seine Frau die Chefin ist. 1985 stirbt er an einem Lungentumor, Maria ist wieder allein. Noch einmal heiraten? Maria Grammatico malt mit dem Zeigefinger ein großes Fragezeichen in die Luft. »Ich lerne jemanden kennen und weiß so gut wie nichts von ihm. Wer sagt mir, mit wem ich es zu tun habe? Besser nicht.« Wenn Aphrodite so etwas wie eine Schutzheilige von Erice ist, hat sie sich um Maria Grammatico nicht sonderlich gekümmert. Die Bäckerin hat sich nicht wieder liiert – auch aus der Angst heraus, ein neuer Mann könne ihr die berufliche Autonomie streitig machen. »Meine Arbeit ist mir heilig«, sagt sie entschieden, »selbst wenn es mal zwanzig Stunden hintereinander sind. Man muß alles tun, um seinen Traum zu verwirklichen, alles.« Das Marzipan bleibt ihre Passion, und im Vergleich zu den Männern hat die süße Masse einen entscheidenden Vorteil: Sie ist leichter formbar.

Maria Grammatico, die heimliche Königin von Erice, hat ihren Traum verwirklicht. Um den Preis, viele Tage und Nächte mit Zucker und Mandeln verbringen zu müssen, anstatt den wunderbaren Weitblick von Erice zu genießen – auch ihre Brüder finden, die Chefin müsse früher Feierabend machen. Reich ist Maria Grammatico mit ihren Keksen nicht geworden, aber von ihren Einnahmen kann sie sehr gut leben, sagt sie. Bis nach Amerika und Japan exportiert die Sizilianerin ihre Mandelkreationen, die auch im Internet bestellt werden können. Daß ausgerechnet sie, die so sehr auf die Fortsetzung des Familienbetriebs hofft, kinderlos geblieben ist, gehört zu den Gemeinheiten, die sich das Leben immer wieder ausdenkt. Maria wünscht sich, daß ihre Nichte Giacoma den Laden einmal übernimmt und die Rezepte der eifersüchtigen Bräute Gottes weiterbäckt. Allerdings wohnt Giacoma in Trapani und fährt jeden Tag die vielen Serpentinen nach Erice hoch, um im Laden der Tante Kekse abzuwiegen. Vielleicht hat sie das ständige Hin und Her irgendwann satt und bleibt lieber unten in der Hafenstadt. »Erice ist sehr ruhig, es gibt kein Verkehrschaos, keine Drogen, keine Kriminalität«, meint Maria Grammatico. »Allerdings ist die Stadt überaltert. Ich finde es trist, daß das Leben hier endet und sich nicht dynamisch fortsetzt.«

Die Bäckerin hat ihr ganzes Leben in dem Dorf unter den Wolken verbracht, für ihre Glücksansprüche braucht sie die Großstadt nicht. Über ihre Karriere als Rebellin im rückständigen Sizilien hat sie sogar ein Buch geschrieben – ihr zweiter großer Lebenstraum. Zu der Autobiographie, die sie gemeinsam mit einer amerikanischen Journalistin aufzeichnete, gehört auch ein Rezeptteil. So hat die Bäckerin den Nonnen ihre Geheimnisse gleich doppelt entrissen. Mehr als 100 000mal verkaufte sich *Bitter Almonds* in den USA, merkwürdigerweise wurde der 1994 erschienene Lebensbericht, der eine Bibel für alle Marzipan-Maniacs ist, nicht ins Italienische übersetzt. Immerhin kann sich Maria Grammatico als Bestsellerautorin bezeichnen.

Trotz ihres Erfolgs bäckt die Sizilianerin immer noch so berserkerhaft, als stünde sie am Anfang ihrer Karriere. Und die Marzipan-Lämmer, die sie liebevoll geformt hat, sehen ihr dabei Jahr für Jahr verwundert zu.

Levanzo oder von einem, der auszieht, die Einsamkeit zu verlernen

Es gibt kaum einen Punkt, an dem das Mittelmeer nicht zu sehen ist. Levanzo, die kleinste der Ägaden, ist ein Klecks im Meer, gerade mal fünf Kilometer lang und zwei Kilometer breit. Im Sonnenlicht funkelt das Wasser in einem grellen Türkis, als habe jemand einen Farbfilter darübergelegt. Die Häuser-Würfel, die sich wie bei vielen griechischen Inseln den Hang hochziehen, haben blau und türkis gestrichene Fensterläden – und so sind Dorf und Meer in ständigem Wechselspiel. Ist das Wasser an stürmischen Tagen bleigrau, habe ich das Gefühl, die Häuser würden nur darauf warten, daß das Meer sich wieder beruhigt und zu ihnen zurückleuchtet.

Etwa 120 Menschen sind auf der windzerzausten Insel zu Hause. Zwei kleine Hotels, zwei Bars mit Panoramablick; über der einen flattern ein paar Ferrari-Fahnen, die der Wind schon zur Hälfte abgenagt hat. Ein Lebensmittelladen, eine Ethno-Boutique, eine Post, eine Schule, die die Kinder bis zur Mittelstufe besuchen können; wer älter als dreizehn ist, muß jeden Tag nach Trapani übersetzen. Die Bäckerei hat längst dichtgemacht; die Einheimischen ordern ihr Brot in einem Laden in Trapani, und der Bäcker bringt die Bestellungen zum Aliscafo. So kommt in Levanzo das Brot übers Meer.

Die Autos auf der Insel kann man an fünf Fingern abzählen – die Dorfstraße gehört den Fußgängern. Am Ortsausgang rottet ein blauer VW-Käfer vor sich hin, der offenbar schon vor langer Zeit stillgelegt wurde. Auf der

Straße spielt ein Junge Fußball, und seine einzige Angst ist, daß er den Ball irgendwann ins Meer verschießt. Ein Abschnitt der Straße wird neu asphaltiert, und die Arbeiter reisen jeden Morgen aus Trapani an. Sie kämen »vom Festland«, sagt einer von ihnen und meint Sizilien.

Reich ist in Levanzo noch keiner geworden. Tourismus in den Sommermonaten, Fischfang und Landwirtschaft – sonst hat dieser Tupfer Land nicht viel zu bieten. Einzig die prähistorische Grotte ist eine echte Attraktion, und mit ihren Höhlenmalereien lockt sie immer wieder Touristen an. Die, wenn sie länger bleiben, das Gefühl genießen, daß nichts und niemand etwas von ihnen will. Wahrscheinlich ist es kein Zufall, daß die Uhr der klobigen Dorfkirche irgendwann stehenblieb und lange nicht repariert wurde. In Eile ist hier niemand – wozu auch? Wer meint, das Leben zu verpassen, zieht weg. Wer auf Levanzo bleibt, weiß, daß er keine Zukunft hat. Mehr als fünfzig Prozent der Inselbewohner sind alte Leute.

Ganz anders ist der Auftrieb auf der Nachbarinsel Favignana: Hier gibt es eine Reihe von Hotels und Fischrestaurants, und in den Läden wird Dosen-Thunfisch in allen Varianten angeboten. Favignana ist berühmt für die *mattanza*, das große Thunfisch-Abschlachten im Frühjahr: Unter Leitung des erfahrenen »Rais«, des Anführers, jagt ein Trupp von Fischern den Tieren hinterher. Sind die erst mal ins Netz gegangen, werden sie von den Männern mit riesigen Haken getötet, und das blaugrüne Meer färbt sich dunkelrot. Das grausame Spektakel folgt einem archaischen Ritual, das in seiner Mischung aus Gesängen und Geschrei, männlichem

Muskelspiel und martialischem Morden immer wieder Touristen anzieht: Wenn sie der *mattanza* zusehen, können sie sich mit den Helden des Meeres identifizieren. Und das ist besser als Kino, nämlich blutige Realität. Im stillen Levanzo wäre ein solches Massaker kaum vorstellbar.

Alberto Venza, Mitte Vierzig, ist einer der wenigen *giovani,* die auf der kleinen Insel geblieben sind. Seine Eltern dagegen sind weggezogen – in die Nähe von Marsala, was im Verhältnis zu Levanzo eine Großstadt ist. Wenn Alberto zu Hause ist, läßt er seine Haustür offenstehen. Schon von draußen sehe ich ihn an seinem Wohnzimmertisch sitzen, auf dem zig Angelhaken, kleine Bojen, Farbtuben, eine Axt und ein Zollstock liegen. Er hat graumelierte Haare, trägt eine Nickelbrille und wirkt weder jung noch alt, ein ewiger Student, der sich für keine Fakultät des Lebens recht entscheiden kann. Im Dorf kennt ihn jeder – was in Levanzo kein Kunststück ist. Er habe hier den Ruf, ein bißchen eigenartig zu sein, sagt Alberto, jemand, den man am besten mit Samthandschuhen anfasse. »Ich selbst halte mich mit meinem Urteil über andere Leute zurück. Wir kennen uns alle sehr gut – vielleicht zu gut. Bei 120 Leuten ist es nicht schwer, alles über alle zu wissen.« Er lächelt freundlich, das Thema Dorfklatsch ist für ihn erledigt. Auf dem Herd in der Küche gegenüber brodelt eine Fischsuppe, ein würzig-strenger Geruch breitet sich aus. Alberto steht ab und zu auf, rührt bedächtig im Topf herum, vielleicht ist es eine Art Meditation.

Arbeit ist in Levanzo Mangelware. Um sich über Wasser zu halten, macht Alberto Venza drei Jobs gleichzeitig: Im Auftrag der Kommune baut er Mauern aus Naturstein zur Grundstücks- und Wegemarkierung. Für Privatleute streicht er Häuser und Fensterläden an. Gelegentlich verkauft er ihnen auch eine seiner Zeichnungen mit bunten, stilisierten Fischen – »aber nur, wenn ich die Leute mag«. Zwischendurch fährt Alberto mit seinem Boot zum Angeln raus, und wenn er keine Lust zum Kochen hat, verschenkt er den Fang. Meist hat er nichts am Haken, aber daran ist er gewöhnt – »wer angelt, muß Geduld haben«.

Die Leute auf Levanzo beherrschen die Kunst des Wartens bestimmt besser als alle anderen Sizilianer, sagt Alberto. Allerdings ist es eine schöne Illusion, daß Geduld Berge versetzt. Wer zu langsam ist, den bestraft gelegentlich das Festland. Ein paar Jahre ist es her, da wollte Alberto auf Levanzo ein Zentrum für Agritourismus errichten: Gemüse anbauen, Käse herstellen, Naturforscher und Künstler einladen, die auf der Insel arbeiten sollten. Ein geeignetes Grundstück hatten er und ein paar Freunde schon gefunden – doch im letzten Moment war ein Interessent aus Trapani schneller und kaufte das Land. So zerschellte der Traum wie die Wellen an der Hafenmole, und das Zentrum existiert bis heute nur auf dem Papier – freie Grundstücke sind auf der Insel rar. Daß die Initiative ins Leere lief, war Wasser auf die Mühlen der ewigen Fatalisten, von denen es, wie Alberto sagt, viele auf Levanzo gibt: Warum soll man wie Don Quichotte gegen Windmühlen ankämpfen; Wind und Wetter zu trotzen ist doch schon Lebensaufgabe genug.

Als er 24 und abenteuerlustig war, ist Alberto Venza

mit einem Freund über den Atlantik gesegelt. 120 Jahre alt war das Schiff, das von den beiden Männer liebevoll restauriert worden war. Zwei Jahre lang hatte der Sizilianer dann seinen Wohnsitz auf dem Wasser und segelte quer über die Weltmeere. Danach kehrte er nach Levanzo zurück, von seiner Familie war keiner auf der Insel geblieben. »Besonders im Winter, wenn die Straßen leer sind, ist die Einsamkeit total. Die Jungen werden vorzeitig alt. Es fehlen die Anregungen.« Kaum ist das letzte Tragflügelboot verschwunden, schließen auf Levanzo die Bars, und der Wind treibt die Panini-Reste von der Terrasse ins Meer. Dann gleiten die Möwen schwungvoll über die Wellen und fischen die letzten Zivilisations-Krumen weg.

Trotz der extremen Abgeschiedenheit will Alberto nicht weg. Zwei Monate im Jahr ist er bei seiner Freundin in Rom, dann hat er die Nase voll vom Chaos und Benzingestank und flüchtet zurück auf seine Insel. Ein Eigenbrötler, der immer wieder auszieht, die Einsamkeit zu verlernen, und letztlich nicht auf sie verzichten kann. Der weder glücklich noch unglücklich wirkt, nicht wunschlos, aber auch nicht zielgerichtet. Ständig hört er von draußen das Atmen des Meeres, gleichförmig und unaufgeregt, ein Rauschen, das die große Stille nicht wirklich übertönt.

Aber es gibt auch Sturmtage auf Levanzo. An denen das Wasser die Hafenmole überschwemmt und die Tragflügelboote nicht mehr anlegen können. An denen der Wind die Ferrari-Flaggen peitscht und an den blauen Fensterläden zerrt. Alberto zieht einen Packen Fotos unter alten Zeitschriften hervor. Steil spritzt die Gischt vor seinem Haus nach oben, mindestens zehn Meter hoch, und der Himmel ist strahlend blau. »Das war vor ein paar Jahren. Das Unwetter kam völlig überraschend. Bis in mein Wohnzimmer ist das Wasser gelaufen, und ich mußte ständig nachwischen.« Mittlerweile sind die Außenwände frisch geweißt, doch was hilft das schon gegen die ständige Feuchtigkeit. Angst habe er nicht, nachts davongeschwemmt zu werden, sagt Alberto, er schläft im ersten Stock. Da das Haus keine Heizung hat, geht er im Winter manchmal mit einer Wärmedecke ins Bett. Einer der wenigen Luxus-Gegenstände, die sich der unorthodoxe Öko-Freak leistet – wenn man vom Fernseher einmal absieht.

Jetzt schiebt er die Fotos zusammen, er müsse sich entschuldigen. Ein Mailänder hat in der Nachbarschaft ein Haus gekauft, Alberto soll die Fensterläden blau anstreichen. Bis zum Abend will er fertig sein. Ob sich Levanzo nach und nach zum Urlaubsparadies für Reiche entwikkelt und die Einheimischen verdrängt werden, frage ich. »Natürlich besteht die Gefahr, aber bis jetzt habe ich keine Angst. Ich bin froh, wenn die Häuser nicht vergammeln und sich bei den neuen Eigentümern das Bewußtsein durchsetzt, daß die Insel schützenswert ist.«

Zum Abschied schenkt Alberto mir eine kleine rote Boje, die an einer Kordel hängt. Die Einfachheit seiner Geste rührt mich, und ich erlebe nicht zum ersten Mal, daß Sizilianer Fremden, die sie vermutlich nie wiedersehen werden, Geschenke machen. So bleibe ich mit Alberto durch eine Boje verbunden. Eine stille Botschaft wie eine Flaschenpost: nicht unterzugehen, weder im Mittelmeer noch sonstwo auf der Welt.

Die berühmte prähistorische Grotte ist, wie alles auf Levanzo, nicht weit vom Dorf entfernt. Normalerweise ist sie geschlossen, wer sie besichtigen will, muß Natale Castiglione finden. Der hat einen Jeep, ein Handy und die Schlüssel – wie mir die alte Frau in der Bar am Hafen sagt. Allerdings habe Natale heute morgen das erste Aliscafo nach Trapani genommen, wo er eine Zweitwohnung besitzt. Ist es überhaupt möglich, auf Levanzo Geheimnisse zu haben, denke ich. Ich wähle die Nummer, der Grottenwärter ist gleich dran, seine Stimme knarzt handyverzerrt. Er bleibe über Nacht in Trapani, morgen früh könne ich mit ihm die *Grotta del Genovese* besichtigen.

Natale Castiglione ist groß und hat dunkelblonde Lokken – laut Reiseführer haben viele Bewohner der Ägadischen Inseln normannische Vorfahren. Seine Begrüßung ist kurz: »Buon giorno. Andiamo.« Überhaupt macht er nicht viele Worte. Im Sommer bringt Natale die Touristen per Boot zur Höhle, aber dafür ist es im März noch zu kühl. Sein Vater, der vor einigen Jahren starb, ist mit den Touristen zur Grotte geritten – ganz archaisch auf dem Rücken eines Esels. Vielleicht hat der Sohn das Gefühl, diese Fortbewegungsart paßt nicht mehr ins 21. Jahrhundert. Mit dem Jeep fahren wir auf Schotterwegen über die Insel, rumpeln durch Schlaglöcher, verjagen ein paar Kaninchen, und hinter uns steigen Staubwolken auf. Wir durchqueren ganze Meere von gelbstrotzenden Margeriten, kommen an alten Steinmauern vorbei, wo Alberto vielleicht irgendwann Hand angelegt hat. Als links von uns eine Schafherde auftaucht, bremst Natale. »Die gehören alle mir«, sagt er stolz,

»siebzig Stück.« Aus der Milch macht er Käse und Ricotta, auch Lammfleisch kann man bei ihm kaufen; von dem Job als Grottenwärter könne er nicht leben. Nach diesem kurzem Monolog schweigt er – so viele Sätze am Stück hat er vermutlich lange nicht gesprochen. Schließlich biegen wir Richtung Küste ab, irgendwann hört die Straße einfach auf, und wir lassen den Jeep auf einem hoch gelegenen Parkplatz stehen. Dann balancieren wir einen Trampelpfad hügelabwärts, immer das Mittelmeer im Blick. Zweimal bückt sich Natale und sammelt Plastikbecher und Dosen ein. »Auf Levanzo denken wir alle ein bißchen grün, Müll in der freien Natur wird nicht geduldet.« Auch darin unterscheidet sich die Insel eindeutig vom restlichen Sizilien.

Die Grotte ist mit einem Eisenschloß gesichert. Durch Zufall wurde sie 1949 entdeckt, manche Sizilianer vergleichen sie sogar mit Lascaux, was zweifellos eine Übertreibung ist. Stimmte es, wäre die Grotte wahrscheinlich schon längst geschlossen und nur ihre Kopie zu besichtigen. Energisch dreht Natale den Schlüssel um, dann zündet er zwei Gaslampen an, die am Eingang stehen. In jede Hand nimmt er eine, fast ist es ein ritueller Akt. Gebückt folge ich ihm in die Dunkelheit. Die Felswände atmen Feuchtigkeit, und mir ist ein bißchen klamm. Jetzt hält Natale seine Lampe ganz nah an die Wand. Erst sehe ich nur rote und schwarze Muster und geritzte Linien. Dann schwimmt plötzlich ein Fisch die Wand entlang, vielleicht ein Delphin. Ein Stück weiter erscheint ein voluminöser Stier – in vollem Galopp. Ein Hirsch, in den Fels geritzt, hat den Kopf grazil gedreht, er will wohl sehen, wo der Rest seiner Herde bleibt. Allmählich entschlüsselt sich die Bilderschrift – so wie Fotos, die im Entwicklerbad langsam Konturen bekommen. Was bedeuten die kopflosen Wesen mit Brüsten, kurzen Armen und Beinen? Sie stellen Frauen dar, sagt Natale, Fruchtbarkeitssymbole. »Va bene, okay?« Ich nicke. Die Männer dagegen sind schmale Kopfwesen, manche tragen Waffen für die Jagd. Als die Zeichnungen entstanden, zwischen 12 000 und 10 000 vor Christus, war Levanzo noch mit Sizilien verbunden, und in den Wäldern gab es reichlich Wild. Zwischen 8000 und 7000 haben sich Levanzo und Favignana vom Mutterland abgelöst, erklärt Natale, und sind zu Inseln geworden. »Okay?« Er zeigt auf ein paar Strichmenschen, die aussehen, als würden sie tanzen, einer von ihnen trägt eine Vogelmaske. »Che bello«, sage ich begeistert, Natale antwortet »hm, hm«, Enthusiasmus ist nicht seine Sache. Gerade die Mischung aus Überlebens-Pragmatismus und kultischem Ritual finde ich spannend, sage ich, und Natale guckt ein wenig gequält, wahrscheinlich hat er ähnliche Kommentare schon öfter zu hören bekommen. Dieser Satz ist dann auch der Rausschmeißer. »Stop finish. Andiamo.« Die Besuchszeit ist abgelaufen. Ein letzter Blick zurück zu den rasenden Höhlentieren, wie gern würde ich noch bleiben und mir weitere Bilder zeigen lassen. Wann hat man das schon, den Steinzeitmenschen zuschauen zu können – beim Tanz, bei der Jagd, bei der Anbetung ihrer Götter? Doch da löscht Natale schon die Lampen, und die Grotte versinkt in Dunkelheit. Als wir draußen sind, hat es der Wärter plötzlich eilig, ins Dorf zurückzukommen. Ich zahle, und Natale steckt die Scheine in die Tasche. Natürlich braucht man die Touristen, aber es ist auch schön, sie wieder loszuwerden, sagt sein Gesicht.

Auf dem Weg zum Schiffsanleger treffe ich einen Mann, der einen Jutesack über der Schulter trägt. Er hat eine Knollennase, und die vielen Falten in seinem Gesicht sehen aus wie Jahresringe eines Baumes. Ob er achtzig oder neunzig oder hundert Jahre alt ist? Aus seinem Sack holt er ein paar Erbsenschoten und reicht sie mir. »Bessere finden Sie nirgends«, sagt er zahnlos, und ich habe Mühe, ihn zu verstehen. »Sie müssen die Erbsen kochen und mit Butter und Knoblauch essen, dann werden Sie bestimmt so alt wie ich.« Und ich muß nach Levanzo ziehen, ergänze ich. Der alte Mann nickt, seine Augen sind türkisblau, etwas von der Farbe des Meeres ist in sie hineingeflossen. Dann schultert er seinen Jutesack, wie es vor ihm wahrscheinlich schon sein Vater und sein Großvater getan haben. Als er um die Ecke verschwunden ist, sehe ich den Aliscafo, der auf den Anleger zubrettert. Ob der alte Mann jemals damit gefahren ist? Er könnte auch eines der Fabelwesen aus der Höhle sein, denke ich. Nur die Erbse, die noch zwischen meinen Zähnen klemmt, sagt mir, daß er wirklich da war.

Die unversöhnliche Rebellin aus Licata: Lara Cardella

Ihren ersten Kuß bekommt sie von Nicola, dem Jungen mit den himmelblauen Augen. Sie sitzen auf einer Bank im Freien, Nicola verführt sie, sie läßt ihn machen und empfindet so gut wie gar nichts, während seine Zunge in ihrem Mund herumwandert. Sie will auch gar nicht für ihn schwärmen oder liebesleiden – Hauptsache, sie wird kein Mädchen mit gesenktem Kopf, das irgendwann brav in den Hafen der Ehe segelt. Wenn sie schon kein Mann ist und keine Hosen tragen darf, dann will sie zumindest Erfahrungen mit Männern machen – in ihrem Dorf nennt man so eine Frau dann *buttana*, Nutte. Daß sie Nicola instrumentalisiert, ist für sie unproblematisch – ein Akt der Befreiung. Natürlich will es der Zufallsteufel, daß ein Familienangehöriger vorbeikommt, während sie unbegeistert Nicolas Kuß empfängt. Der Verwandte zerrt sie nach Hause, und der Vater besorgt den Rest: Er prügelt sie mit einem Gürtel durch. Die Mutter murmelt kummervoll, ihre Tochter sei gestorben, sie habe jetzt keine Tochter mehr. Später wird das Mädchen zur Tante abgeschoben und von ihrem Onkel sexuell mißbraucht.

Als 1989 Lara Cardellas Buch *Ich wollte Hosen* erschien, war die Aufregung in Italien groß. Eine 19jährige Sizilianerin hatte die eigene Heimat als finstere Macho-Hölle bloßgestellt. Und noch dazu mit ihrem polemischen Kurzroman, erschienen im renommierten Verlag Mondadori, einen Literaturpreis eingeheimst.

Eine rein private Wette hatte die Jungautorin bei der Gelegenheit übrigens verloren: Lara Cardella glaubte nicht an die Preiswürdigkeit ihres Romans, eine Freundin hielt dagegen, und so schuldete Lara ihr dann eine *brioche*. Doch was ist ein Stück Gebäck gegen Tausende verkaufte Exemplare, allein 50 000 in den ersten Wochen? Das spektakuläre Debüt wurde mit *Bonjour, tristesse* verglichen, dem Erfolgsroman der jungen Françoise Sagan. In Lara Cardellas Heimatort Licata löste das rabenschwarze Sizilien-Portrait, das bis in die sechziger Jahre zurückgeht, eine Hexenjagd aus: Der Vater, ein Versicherungsvertreter, verlor von einem Tag auf den anderen seine Kunden. Die Autorin wurde als Nutte beschimpft, ihre Mutter gehalten, die »Viper« einzusperren. Doch die Viper hat nicht geschwiegen, sondern in Talkshows und Interviews ihr Gift verspritzt. Das trug ihr zwar jede Menge neue Drohbriefe ein, hatte aber auch positive Folgen: Auf Cardellas Drängen wurde zum Beispiel ein lang geplantes Familienberatungszentrum endlich eröffnet.

Das moderne Mietshaus in Zentrumsnähe, in dem Lara Cardella heute wohnt, ist völlig gesichtslos, für sizilianische Verhältnisse aber beachtlich gut in Schuß. Die Wohnung liegt im obersten Stockwerk, Lara Cardella steht schon in der Tür. Sie trägt einen Trainingsanzug, die halblangen Haare sind so konsequent blondiert, wie man es nur in Italien findet, die Ringe unter den Augen nicht überschminkt. Das Wohnzimmer ist karg eingerichtet, als wäre Lara Cardella bei sich selbst zu Gast. Viele Jahre hat sie nicht in Licata, sondern im sizilianischen Gela und in Rom gelebt. Dann ist sie zurückgekehrt, nicht, weil sie an ihrer Heimat besonders hängt, sondern weil ihr Sohn seine Verwandten, vor allem die Großeltern, vermißte. Laras Ehe ist seit einigen Jahren geschieden. »In Licata gehe ich kaum aus«, erzählt die Autorin. »Immer noch erlebe ich, daß die Leute auf der Straße tuscheln. Sobald ich mit meinem Studium fertig bin, möchte ich weit wegziehen.« In Palermo ist sie als Studentin der Philologie eingeschrieben und versucht, eine ganz normale Kommilitonin zu sein.

Die, ganz nebenbei, nach wie vor Bücher schreibt. Dabei erreicht sie immer noch beachtliche Auflagen, aber die Resonanz ist weit geringer als damals. »Ich weiß, daß ich keine große Schriftstellerin bin«, sagt sie, »das sind für mich Dostojewski, Pirandello oder Moravia. Mir ist vor allem die Botschaft wichtig, die ich herüberbringen möchte.« Und so ist und bleibt Lara Cardella in der Öffentlichkeit das Mädchen mit den Hosen, auch wenn das längst ein Mythos der Vergangenheit ist. Talkshow-Auftritte und Interviews lehnt sie heute ab, eine öffentliche Person zu sein ist ein Fulltime-Job, und in die Rolle der jungen Wilden paßt sie ohnehin nicht mehr. Nicht kämpferisch wirkt diese Frau mit dem sinnlichen Mund, sondern eher etwas mitgenommen vom Leben. Wer im Alter von 19 Jahren so viel lostritt, muß schon eine starke Psyche haben, um die Folgen unbeschadet zu überstehen. »Natürlich fühlte ich mich von allem total überrollt. Glücklicherweise haben meine Eltern mir keine Vorwürfe gemacht und zu mir gehalten.« Also ist die Romanfigur, Annetta, nicht identisch mit Lara Cardella, nichts mit »Madame Bovary, c'est moi?« – »Vorbild für die Figur war eine Freundin, die mir ihre Geschichte erzählt hat. Sie ist, anders als im Buch, nicht von ihrem Onkel, sondern vom Vater vergewaltigt worden. Meine Freundin hat sich später im Buch wiedererkannt, und unsere Freundschaft ist daran zerbrochen. Ihr Vater hat glücklicherweise nichts mitgekriegt, er hat niemals ein Buch angefaßt.« Lara Cardella lächelt sanft, wie sie es häufig tut, als wolle sie das, was sie durchgemacht und durchgekämpft hat, abmildern.

Doch auch Laras eigene Kindheit war alles andere als leicht. Mit knapp fünf Jahren kam sie auf eine von Nonnen geführte Schule, in der sie und ihre Mitschülerinnen jeden Tag von der Lehrerin geschlagen wurden, und keine wagte es, die *suora* anzuzeigen. Nach vollzogener Kasteiung mußten die Schülerinnen »grazie« sagen. »Um mich zu retten, habe ich immer vor mich hingesagt: Das ist ungerecht, was hier passiert, das ist ungerecht. Dann habe ich mir ein Buch aus der Bibliothek geholt und mich in die Lektüre geflüchtet.« Fünf Jahre war Lara ihrer Lehrerin ausgeliefert, ohne ihren Eltern je etwas davon zu sagen. »Für sie war immer das wichtigste, den Schein zu wahren und auf die Meinung der anderen zu hören. Entsprechend haben sie ihre vier Kinder erzogen.«

Als Lara 16 war, mußte sie immer noch abends um acht zu Hause sein. War sie es nicht, galt sie bei den Nachbarn als *buttana*. Die Eltern waren zwar nicht dieser Meinung, aber allein die Tatsache, daß die Nachbarn so denken könnten, brachte Laras Vater dazu, sie zu ohrfeigen. Und sie haßte ihn dafür, daß sie nicht zurückschlagen durfte. Ein Gefühl der Ohnmacht, das ihre Romanfigur noch viel stärker erlebt. Und das Gefühl, ständig von anderen Leuten kontrolliert zu werden. »Der Blick, der dich auszieht, ich habe das nicht ertragen können …« In ihrer Klasse galt Lara als privilegiert: Andere Mädchen, erzählt die Autorin, durften sich nicht einmal die Haare abschneiden oder sich im Schwimmbad im Badeanzug zeigen.

Das alles ist lange her, aber für Lara Cardella keinesfalls Geschichte. »Heute sind die Röcke etwas kürzer, und die Mädchen können abends eine Stunde länger draußen bleiben. Die Mentalität ist immer noch dieselbe. Ich bin froh, wenn ich hier eines Tages wegkomme.« Fast trotzig sagt die Autorin das, und in diesem Moment kann ich mir die Rebellin von damals vorstellen, die sich in den Talkshows in Rage redet. »Licata ist ein extrem rückständiger Ort, wer arm ist, hat keine Chance, und die Kinder sind ohne Zukunft. Weil ich berühmt bin, habe ich Autorität. Wenn ich eine Mutter beschwöre, sie soll ihre Tochter zur Schule schicken, dann hört sie auf mich. Das ist die positive Seite meines Erfolgs.«

Lara Cardella steht auf und winkt mich auf die Dachterrasse. »Schauen Sie herunter, eine völlig nichtssagende Stadt: hier die Neubauten, dort drüben, auf dem Hügel, die älteren Häuser, ziemliche Bruchbuden. Wenn Sie bei Ihrem Spaziergang durch Licata irgend etwas Schönes entdecken – ein paar Kirchen mal ausgenommen –, rufen Sie mich an und zeigen Sie es mir.« Lara Cardella lächelt, was an ihren harschen Abschiedsworten nichts ändert. In diesem Moment bin ich wirklich überrascht: Bis jetzt habe ich noch keinen Sizilianer getroffen, der nicht versucht hätte, seinen Lokalpatriotismus über mir auszuschütten. Ich verspreche Lara Cardella, mich gut umzusehen, und folge ihr ins Treppenhaus zum Fahrstuhl.

Am Spätnachmittag flanieren viele Familien über die *Piazza Progresso* im Zentrum – der Platz ist deutlich charmanter als sein Name. In den dicht belaubten Ficus-Bäumen rumoren die Spatzen, vielleicht wollen sie mit den palavernden Familien wetteifern. Einige Häuser sehen aus, als würden sie demnächst in die Knie gehen, andere sind renoviert und sonnen sich im Licht des untergehenden Tages. Bestimmt ist der Platz des Fortschritts kein Schmuckstück, und bei Lara Cardella, die mich auf meinem Spaziergang unsichtbar begleitet, würde er keine Gnade finden. Aber dafür kann man sich hier zwanglos vom sanften Strom der Einheimischen mitreißen lassen – fernab von Tourismus und spektakulären Sehenswürdigkeiten.

Von der Piazza aus steige ich den Hügel hoch, den Lara Cardella mir gezeigt hat. Schon nach kurzer Zeit komme ich an Häusern vorbei, die zur Hälfte oder auch komplett eingestürzt sind. An den Mauern hängen Schilder, »Vendesi«, zu verkaufen, aber wer möchte diese Bruchbuden kaufen? Ich gehe durch schmale Gassen, über zerfallene Treppen, kaum Menschen sind unterwegs, dafür Hunderte von Katzen – vielleicht gehört das Viertel bald ganz ihnen. Durch ein windschiefes Fenster sehe ich in ein Wohnzimmer, mehrere alte Leute haben sich um den Fernseher gruppiert, sie sind unbeweglich und folgen der Spielshow, in der die Kandidaten irgendwelche Kegel umschmeißen müssen – das ist die einzige Bewegung in dem kleinen Zimmer. Auf der anderen Straßenseite turnt ein kleiner Junge auf seinem Fahrrad herum, er ist allein, und ich frage mich, ob im Moment überhaupt jemand an ihn denkt. Am Straßenrand stehen vollgestopfte Mülltüten, manche sind nicht verschnürt, und es ist nur eine Frage der Zeit, wann Fischköpfe und verfaulte Tomaten auf die Straße rollen. Fast irreal wirkt dieses Viertel, als hätte jemand eine Filmkulisse mit dem Titel »sizilianische Armut« konstruiert. »Von wegen, alles ganz real«, höre ich Lara Cardella neben mir sagen, meine heimliche Begleiterin. Je weiter ich über steile Treppen nach oben steige, desto deutlicher zeichnen sich die Neubausiedlungen von Licata ab, die im Schachbrettmuster angelegt sind. Gibt es eigentlich irgendwo eine schöne Strandpromenade, frage ich Lara Cardella und zeige auf das Meer, das in der Abendsonne glitzert. »In Licata nicht, da erwarten Sie zuviel. Hier gibt es vor allem Fabriken und den Fischereihafen.«

Als ich schließlich wieder im Stadtzentrum bin, trinken die Leute ihren Feierabend-Espresso, die Straßen sind noch belebter als vorhin. Erleichtert setze ich mich in eine Bar – abends möchte ich nicht mehr durch das Treppenviertel laufen. An der Theke stehen ein paar Männer, rauchen, spülen den Espresso mit einer Grappa herunter, und die Gläser füllen sich immer wieder neu. Weitere Stammkunden kommen herein, andere gehen, eine rein männliche Choreographie. Bis schließlich zwei Frauen um die Vierzig das Lokal betreten und für einen Moment alle Blicke auf sich ziehen, obwohl sie in ihren Büro-Kostümen völlig unauffällig sind. An meinem Nachbartisch lassen sie sich nieder und erzählen fröhlich von der verunglückten Liebesaffäre einer Freundin. Als das Drama erschöpfend erörtert ist, frage ich sie nach Lara Cardella. »Wohnt die überhaupt noch hier?« entgegnet die Blonde und zieht ihren Lippenstift nach. »Ich habe gehört, sie lebt in Rom«, sagt jemand am Tresen, das Thema gehört jetzt der ganzen Bar. »Sie war weg, aber jetzt ist sie wieder da«, meint die andere Frau und wirft ein Päckchen Zigaretten auf den Tisch. »Als das Buch erschien, haben sich die Leute das Maul zerrissen. Vieles stimmte ja auch. Aber heute? Licata ist längst nicht mehr so rückständig wie damals.« Die Männer an der Bar nicken, während Lara Cardella, die unsichtbar neben mir sitzt, heftig den Kopf schüttelt. »Die Leute denken genauso. Heute ist das nur nicht so offensichtlich«, sagt sie leise. Jetzt ergreift der Barmann, ein Endfünfziger, das Wort: »Das Problem liegt doch ganz woanders: Die Jungen hauen ab, sobald sie Gelegenheit dazu haben. Und wir werden hier immer älter.« Er wendet sich zu mir: »Sprechen Sie mal mit Francesco, der im Porzellanladen seiner Eltern arbeitet. Das nächste Geschäft, gleich um die Ecke.«

Eine Galerie von Vasen ist auf der Straße aufgebaut, einige bunt bemalt, andere mit einem Vogelschiß versehen, den die Ladenbesitzer offenbar als naturgegeben hinnehmen. Das kleine Geschäft ist bis unter die Decke vollgestopft: Teller, Tassen, verschnörkelte Vasen, Aschenbecher, die mit kleinen Fischen und Hähnen verziert sind – das meiste nach dem Motto bunt & billig. Auf einigen Rückseiten steht »made in China«, also als sizilianisches Souvenir nicht unbedingt geeignet. Francesco ist allein im Laden. »Sind Sie zum ersten

Mal in Licata?«, fragt er. Mit seinen dunklen Locken und den tief liegenden blauen Augen ist er durchaus der Typ, dem Touristinnen um den Hals fallen – nur daß kaum Touristinnen nach Licata kommen. Ich nicke. »Bestimmt auch zum letzten Mal. Licata ist ein Niemandsland, jeder Ort der Welt ist aufregender.« Ob er denn trotzdem bleiben möchte, will ich wissen. Francesco legt den Kopf nach hinten und macht mit der Zunge einen schnalzenden Laut – eine Geste, von der der Schriftsteller Andrea Camilleri schreibt, daß die Sizilianer, Akrobaten des Nonverbalen, damit ein entschiedenes Nein ausdrücken. Dann führt er mich durch seinen Laden, das Neonlicht macht ihn blaß. »Meine Eltern sind nicht mehr die Jüngsten, und im Sommer verkaufen wir recht gut. Aber sobald ich woanders etwas kriege, bin ich weg. In Gedanken habe ich längst die Koffer gepackt.« Nachdem er mir jeden Winkel gezeigt hat, habe ich fast ein schlechtes Gewissen, ihn in seiner bunten Höhle zurückzulassen. Wahrscheinlich habe ich ihm deshalb vier Aschenbecher und zwei Wasserkaraffen abgekauft – made in Italy. Ob ich das alles mit nach Deutschland schleppen werde?

»Ich kann Francesco gut verstehen«, sagt Lara Cardella, als ich wieder auf der Straße stehe. »Auch ich habe hier ständig das Gefühl, auf gepackten Koffern zu sitzen und nicht wegzukommen. Wußten Sie eigentlich, daß es bei uns Brauch ist, einen kleinen Sack Heimaterde mitzunehmen, wenn man die Insel verläßt? So trägt der Sizilianer seine Wurzeln immer mit sich. Genaugenommen kommt er also niemals richtig los. Ist das nun beängstigend oder beruhigend?«

Ohne meine Antwort abzuwarten, läßt Lara Cardella die Arme baumeln und dreht die Handflächen nach außen. Was nach Andrea Camilleri heißt: Ich weiß es nicht.

Agrigent oder die Verrückten vom Tal der Tempel

Wer vor hundert Jahren ins Tal der Tempel kam, konnte noch rückhaltlos schwärmen und sich der Illusion hingeben, die olympischen Götter würden hier durch die Luft schwirren. Er ließ den Blick einfach fallen, über die grünen Hügel, die Mandelbäume und Olivenhaine bis zum Meer. Jeder Tempel war Teil der Landschaft, das Zusammenspiel von Natur und Ruinen perfekt, und man hatte die Muße, seinen Gedanken nachzuhängen. Vielleicht erinnerte man sich an den Philosophen Empedokles, der hier, im einstigen *Akragas*, vor 2500 Jahren geboren wurde – ungefähr zu der Zeit, als die großen Tempel für Hera, Zeus und Herakles entstanden. *Akragas* war damals eine blühende Stadt, und ihre Bewohner lebten, glaubt man Empedokles, ganz selbstverständlich im Größenwahn: »Sie speisen, als müßten sie morgen sterben, und bauen, als könnten sie ewig leben.« Allerdings soll der Philosoph, der angeblich ein Liebling der Götter war, selbst etwas irre gewesen sein. Nach einer Legende stürzte er sich schließlich in den Hauptkrater des Ätna.

Heute ist es viel schwerer, im antiken Agrigent seinen Gedanken nachzuhängen. Der Verkehr der Ausfallstraße dröhnt zu den Heiligtümern hoch, eine Autobrücke auf Stelzen durchschneidet die Landschaft. Überragt wird die Kulisse von der Skyline der Neustadt, kein Blick geht an ihrer häßliche Fratze vorbei, sie wächst in den Himmel, als gehöre er ihr. Moderner Größenwahn, der suggeriert, daß Agrigent eine riesige Metropole und keine Fünfzigtausend-Einwohner-Stadt ist. In den meisten Reiseführern kommen die Hochhäuser gar nicht vor, gezielt werden Fotos gezeigt, die ländliche Idylle vortäuschen. Am späten Nachmittag fällt auf die steilen Wohntürme noch Licht, während die Tempel schon im Halbschatten liegen. Die Neustadt hat der Antike den Kampf angesagt, und gerade weil sie es mit der brüchigen Schönheit des Alten nicht aufnehmen kann, versucht sie sie mit ihrer aggressiven Häßlichkeit zu erdrücken. Würde Empedokles heute diese Kulisse sehen, er würde sich womöglich von einem der Hochhäuser stürzen. In der Dämmerung wirken die Tempel, die zu den berühmtesten der Welt gezählt werden, erst recht fragil.

Wenn es einem gelingt, die Skyline für kurze Zeit einfach auszublenden, ergeben sich jedoch immer wieder überraschend schöne Bilder. Da ist zum Beispiel der Zeustempel, der sogenannte Gigantentempel. Obwohl er heute weitgehend zerstört ist, vermitteln die Trümmer noch einen Eindruck von seiner damaligen Größe. Mächtige Steinbrocken sind auf dem Boden verstreut, viele grasüberwuchert, dazwischen liegt, wie ein schlafender Riese, eine Statue. Mehrere solcher »Atlanten« stützten einst den Giebel des Tempels. Die Statue ist zwar nur eine Kopie, trotzdem hat man das Gefühl, der gestürzte Riese müsse sich von einer gewaltigen Anstrengung ausruhen. Zwischen den Steinblöcken stehen Olivenbäume, Feigenbäume zeigen erste zarte Triebe, während ein kleiner Mandelbaum fast verblüht ist, nur ein paar rosa Spitzen sind noch zu sehen. Neben Grasbüscheln leuchten gelbe Frühlingsblumen, und hinter den geschwungenen Hügeln glitzert das Meer.

Als ich die heilige Straße, die *Via Sacra*, entlanggehe, fällt mir ein älterer Mann auf, der auf der Mauer liegt und schläft. Er trägt eine schwarze Lederjacke und Jeans, die ausgelatschten Schuhe stehen auf dem Boden. Er wirkt so entspannt, als wäre er im Tempeltal zu Hause. Wie lange er wohl schon so daliegt? Eine französische und eine amerikanische Touristengruppe, die direkt an ihm vorbeigelaufen sind, hat er schon verschlafen. Allmählich wachsen die Schatten des Abends über ihm zusammen, und die Luft wird kühler. Als ich gerade weitergehen will, bewegt sich sein Oberkörper. Der Mann richtet sich auf und streicht über seine kurz geschorenen Haare. Er sagt etwas, das wie »scusi« klingt, und dann »Andrea, piacere«. Jetzt zeigt er auf die Mauer, ich soll mich setzen, überhaupt macht er viele Gesten. Langsam, wie aus einem defekten Wasserhahn, tropfen die Worte aus ihm heraus. Wann er wohl zuletzt mit jemandem gesprochen hat? Zweimal mache ich den Fehler, seinen Satz zu Ende bringen zu wollen, da wird er ärgerlich und fängt noch mal von vorn an.

Seit ein paar Jahren ist er Rentner, erzählt Andrea. Viele Jahre hat er auf dem Bau gearbeitet, da er keinen anderen Job finden konnte, verheiratet war er nie. Als die Alliierten 1943 Sizilien bombardierten, erlitt er schwere Verletzungen. Er saß zwar in einem Luftschutzkeller, aber Teile der Decke kamen herunter. Längere Zeit mußte Andrea in einem Krankenhaus in Agrigent liegen, und als er schließlich entlassen wurde, konnte er kaum reden, und sein Gedächtnis war gestört. »Mit der Zeit ging es mir immer besser. Heute kann ich richtig gut sprechen.« Ob er öfter ins Tal der Tempel kommt, will ich wissen. »Jeden Nachmittag, außer bei Regen. Ich wohne in der Altstadt und nehme am Bahnhof den Bus um zwei Uhr. Dann gehe ich die Tempel-Straße einmal rauf und wieder runter, ein schöner Spaziergang. Zwischendurch ruhe ich mich aus, manchmal schlafe ich auf der Mauer ein, in letzter Zeit passiert das häufiger.« Ist es nicht langweilig, jeden Tag denselben Weg zu gehen? »Überhaupt nicht. Ich gucke mir stundenlang die Säulen an, am liebsten den Concordia-Tempel. Als ich geboren wurde, war er schon da, und wenn ich einmal sterbe, wird es ihn immer noch geben.«

Bei den Häusern, an denen er mitgebaut hat, sei er dagegen nicht sicher, wie lange sie stehen würden. »Schauen Sie die Wolkenkratzer dort drüben an: Die sehen doch so aus, als ob der Wind sie gleich umpusten würde. Wußten Sie, daß es hier schon einmal eine Katastrophe gab? 1966 sind bei einem Erdrutsch viele Häuser eingestürzt und Menschen verschüttet worden. Wer weiß, wann das wieder passiert.« Andrea schweigt erschöpft, jeder Satz ist für ihn ein Kampf. Es ist absurd, denke ich, daß ausgerechnet er, der von der Antike nicht genugkriegen kann, mitgeholfen hat, moderne Wohnghettos hochzuziehen.

»Kommen Sie morgen wieder?« Ich merke, Andrea will reden und reden, Hauptsache, jemand hört ihm zu. Nein, leider nicht, sage ich. Andrea nickt: »Grazie per tutto.« Ich frage mich, wofür er sich bedankt. Ob er noch irgendwelche Erwartungen an das Leben hat? Immerhin hat er seinen Tagen einen Rahmen gegeben, und so wie andere Leute zur Arbeit gehen, fährt er regelmäßig zu den Tempeln. »Vergessen Sie Concordia nicht. Vierunddreißig schöne Beine und keines gebrochen.« Sein Händedruck beim Abschied ist kräftig, und die *auguri* für die Zukunft sind ehrlich gemeint, da bin ich mir sicher. Natürlich wünsche ich ihm das gleiche, und er strahlt, als könnten Wünsche Hochhäuser versetzen. Langsam steht er auf und schlurft Richtung Ausgang – und morgen und übermorgen auch und wer weiß wie viele Tage noch, an denen er immer ein bißchen klappriger wird.

Der rund 2500 Jahre alte Concordia-Tempel sieht von weitem so leicht aus, als würde er gleich losfliegen. Im sechsten Jahrhundert nach Christus ließ ihn ein Bischof zu einer Basilika umbauen. So wurde er im Lauf der Jahrhunderte immer mit Respekt behandelt und hat sich bis heute wunderbar erhalten. Dagegen ist Herakles, der Sohn des Zeus, nicht so gut weggekommen, sein Tempel hat nur noch acht Säulen-Beine. An der Vorderfront des Concordia-Tempels ist eine Säule eingerüstet. Ein Arbeiter steht auf einer Leiter und streicht Mörtel auf den Stein. So wird der zierliche Tempel, der über der Landschaft zu schweben scheint, durch die Leiter geerdet. Am Himmel sind jetzt viele rosa Farbtupfer zu sehen, und ich denke an das Fest der Mandelblüte im Februar: Bunt gewandete Folkloregruppen tanzen um die Säulenreihen herum, sogar eine »Miss Primavera« wird gewählt – in Sizilien begrüßt man den Frühling, wenn bei uns noch Schnee liegt und Winterstürme an den Fensterläden rütteln. Auch als Hintergrund für Hochzeitsfotos wird der Concordia-Tempel gern genommen, vielleicht hilft es ja, auf diese Weise eheliche Eintracht zu beschwören. Im Mai 1993 las Papst Johannes Paul II. unterhalb des Tempels eine Messe vor 100 000 Menschen – die Symbolik des Ortes war ganz bewußt gewählt, denn im Jahr zuvor waren die Staatsanwälte Giovanni Falcone und Paolo Borsellino von der Mafia ermordet worden. »Einer unserer Tempel heißt ›Tempel der Eintracht‹. Möge sein Name prophetisch sein«, verkündete der Papst. »Gott hat gesagt: ›Du sollst nicht töten!‹ Kein Mensch, kein Zusammenschluß von Menschen und keine Mafia darf sich über dieses heiligste Gebot Gottes hinwegsetzen und es mit Füßen treten.« Johannes Paul II. fand deutliche Worte, was die Zuhörer erhofft, aber nicht unbedingt erwartet hatten. Sie dankten ihm mit wiederholtem Beifall. So hatte der Tempel plötzlich auch eine politische Bedeutung.

Früher, als das Tempeltal noch Ausgrabungsstätte war, haben immer wieder Privatleute mitgebuddelt – heute wäre das unmöglich. Einer von ihnen war im letzten Jahrhundert der Engländer Alexander Hardcastle, ehemaliger Hauptmann der britischen Armee. Er war so begeistert von den Ruinen, daß er Heimat, Familie und Beruf vergaß und Anfang der zwanziger Jahre einfach in Agrigent blieb. Sein ganzes Vermögen steckte er in die Ausgrabungen und den Wiederaufbau der Tempel. Mit seiner Spitzhacke wühlte er, belächelt von den Einheimischen, im Boden herum und beteiligte sich an der (erfolglosen) Suche nach dem griechischen Theater. Über seinem Wunsch, die 2500 Jahre alten Steine ans Licht zu holen, ist Hardcastle schließlich verrückt geworden und einsam in einem Irrenhaus gestorben. Heute erinnert eine Büste an den Mann, auf den eine lokale Redensart bestens paßt: »Der selbstvergessene Engländer zwischen den Tempeln« bezeichnet einen Signore Seltsam, der weltabgewandt seinen Neigungen folgt. Die Wendung geht darauf zurück, daß sich lange vor dem Massentourismus immer wieder Ausländer im Ruinenfeld verirrt haben. Im übertragenen Sinn hat sich auch Hardcastle zwischen den Tempeln verloren.

»Sorry, please!« Eine japanische Reisegruppe hat sich vor dem Concordia-Tempel aufgebaut, und ich begreife, daß ich auf dem Gruppenfoto nicht vorkommen soll. Gern hätte ich noch länger auf meinem Stein gesessen und vor mich hingedacht – Hardcastle hatte da entschieden mehr Gelegenheit zur Muße, Empedokles vor 2500 Jahren auch. Aber aufs Gruppenfoto möchte ich bestimmt nicht, um dann womöglich in fünfundzwanzig japanischen Wohnzimmern zu sehen zu sein. Kaum bin ich aufgestanden, zucken schon die Blitze. Unbeweglich steht die Gruppe da, auch das Lächeln bleibt erstaunlich lange eingefroren. Nur die eingerüstete Säule stört die Harmonie; vielleicht hat ja jemand entschieden, daß sie für immer bleiben soll, damit es keine perfekten Fotos gibt. Später sehe ich die Japaner in der Bar am Eingang wieder. Staunend zeigen sie auf einen Müllcontainer, der gegenüber dem Lokal steht, und zücken erneut ihre Fotoapparate. Auf dem Container ist ein großes Bild von Agrigent gemalt: im Vordergrund die antiken Tempel, jede Säule detailgetreu wiedergegeben, dazu Pinien, Margeriten und ein knallblauer Himmel. Naive Kunst am Müll – offenbar haben die Einheimischen ein ziemlich entspanntes Verhältnis zu ihren Heiligtümern.

Am Abend kommt eine neue Touristen-Welle ins Tempeltal geschwappt: Agrigent by night. Die Säulen sind jetzt von Scheinwerfern angestrahlt, und wer über die *Via Sacra* flaniert, sieht die Heiligtümer in gleißendes Kunstlicht getaucht. Der Kitsch-Quotient ist bemerkenswert; trotzdem beeindruckt der Kontrast zwischen dem tintenblauen Himmel und den rötlich schimmernden Säulen. Es ist, als würde man durch eine Opernkulisse schreiten. Wären die Tempel wie in antiker Zeit bunt bemalt, ließe sich das Spektakel wahrscheinlich kaum aushalten. Vom modernen Agrigent sind nur die Lichter zu sehen, die gezackte Skyline wird von der Dunkelheit geschluckt, und so verdrängt für ein paar Stunden die Antike die Neustadt.

Auf dem Rückweg in das moderne Agrigent fahre ich ganz langsam den Berg hinauf. Von weitem sehen die Tempel aus wie erleuchtete Schiffe, die plötzlich aus der Nacht auftauchen. Nach einer Kurve sind sie weg, dann scheinen sie wieder auf, und erst als ich die Oberstadt erreiche, sind sie endgültig verschwunden.

Porto Empedocle macht schon deshalb neugierig, weil alle Reiseführer vor dem Besuch der Hafenstadt warnen: Der Ort, wenige Kilometer von Agrigent entfernt, sei an Scheußlichkeit kaum zu überbieten, heißt es. Immerhin ist er nach Empedokles benannt, und zwei prominente Schriftsteller kommen ebenfalls von hier: Luigi Pirandello und Andrea Camilleri. Sie sind jedoch nicht geblieben, sondern haben sich schon als junge Männer nach Rom abgesetzt.

Eine halbe Stunde verbringe ich in Porto Empedocle

damit, das Meer zu suchen, und als ich endlich am Hafen bin, donnern die Laster an mir vorbei – keine Chance, Wind und Wellen zu hören. Wohntürme, viel zu hoch aufgeschossen für den kleinen Ort, Fabrikanlagen, Zementwerke, Lagerhallen, zwischen denen sich ein paar wenige Bäume herumdrücken – vielleicht existiert diese Stadt in Wirklichkeit gar nicht, sondern ist bloß eine Computeranimation. Wohnten keine Leute hier, würde ich sie mit einem einzigen Mausklick ins Meer kicken. Oder Empedokles diese Aufgabe überlassen.

Die Piazza im Zentrum sieht aus, als hätte ein Architekt den Auftrag erhalten, auf begrenztem Raum so viel Beton wie möglich zu verbauen. Die dürren Palmen am Rand könnten auch aus Pappmaché sein. Immerhin gibt es auf dem Stein viel Platz für Graffiti – darunter einige Liebesbotschaften: »Ti amo per sempre. Ich liebe dich für immer. Fabio.« – »Vorrei andare al mare con te. Ich möchte mit dir ans Meer fahren. Laura.« – »Ti aspetto, vieni presto. Ich warte auf dich, komm bald.« An diesen Ort? Fast trotzig wirkt die Asphalt-Romantik, aber vielleicht sehen die Einheimischen das anders. In einer Ecke steht am späten Nachmittag die Dorfjugend zusammen, gerade ist eine Diskussion darüber entbrannt, welches Handy das beste Klingelzeichen absondert.

Ohne auf die *giovani* zu achten, überquert jetzt ein Mann den Platz, der trotz der Wärme einen gefütterten Trenchcoat trägt. Dem Gesicht nach ist er höchstens vierzig, aber er hat den Gang eines alten Mannes. Langsam holt er aus einer Papiertüte Brotkrümel und wirft sie auf den Boden. Während die Tauben die Brocken aufpicken, spricht er leise vor sich hin, was auch immer. Ich muß an Empedokles denken und seine verrückten, entrückten Verse: »Ich wandle unter euch als unsterblicher Gott, nicht mehr als Mensch, von allen geehrt ...« Der Dichter, heißt es, soll prophetische Gaben besessen und an Seelenwanderung geglaubt haben. Vielleicht ist seine Seele wirklich gewandert, und er lebt in anderen Menschen weiter. Zum Beispiel in dem Taubenfütterer von Porto Empedocle, dem Mann ohne Alter. Oder in den Verrückten vom Tal der Tempel – in Alexander Hardcastle, dem Archäologen, oder in Andrea, dem Bauarbeiter in Rente, der zwischen alten Säulen sein Glück sucht.

Mit einem Verleger auf den Ätna

An einem sonnigen Apriltag, an dem die Konturen so gestochen scharf sind, wie man es von alten Schwarzweiß-Fotos kennt, bin ich auf den Ätna gefahren. Der Verleger Mario Grasso hat mich zu der Tour eingeladen. Er will mir etwas von seiner Insel zeigen, natürlich ist er wie alle Sizilianer Lokalpatriot, und den Ätna hat er direkt vor der Tür. Mario Grasso lebt in Catania, mit seiner Frau zusammen führt er den kleinen Verlag *Prova d'Autore*, Schwerpunkt italienische Gegenwartsliteratur. Den Kontakt zu ihm hat mir Alfonso Gueli vermittelt, Apotheker und Autor bei *Prova d'Autore*. Alfonso Gueli, der in Agrigent lebt, habe ich wiederum über Lara Cardella kennengelernt. Sizilien ist ein Dorf, in der literarischen Szene kennt jeder jeden, und jeder reicht jeden herum.

Mario Grasso, 1932 in Acireale nahe Catania geboren, hat ein ausdrucksvolles, manchmal – wenn er von seiner Arbeit spricht – betont düsteres Gesicht. Er liest und lektoriert tagsundabendsundnachts, manchmal stellt er den Wecker auf zwei Uhr morgens, um ein eiliges Manuskript durchzugehen. Gewöhnlich steht er um sechs Uhr auf, dann liest er zwei Stunden, bevor er in den Verlag geht. Oder er fährt mit seinem kleinen Citroën kreuz und quer über die Insel, nach Palermo, Agrigent oder Syrakus, um Autoren zu treffen, Lesungen zu organisieren, Kongresse zu besuchen – ein unermüdlicher Reisender in Sachen Literatur. Immer wieder bekommt er auf diesen Touren Manuskripte von Autoren, und wenn ihm ein Text beim ersten Hinsehen nicht gefällt, wirft er ihn schon mal demonstrativ in den Papierkorb. Mit der gleichen Entschlossenheit hebt er einen Schriftsteller, von dem er überzeugt ist, kurzerhand in den Autoren-Olymp. Literatur hat eben auch mit Emotionen zu tun, und gäbe es im italienischen Fernsehen ein Literarisches Quartett, könnte Mario Grasso bravourös den Part von Marcel Reich-Ranicki spielen. Ganz nebenbei ist er Herausgeber einer Literaturzeitschrift, übersetzt aus dem Russischen und schreibt selbst Belletristik: Romane, Erzählungen und Lyrik – gelegentlich dichtet er auch in Dialekt.

Mit dem Blick auf den Ätna ist Mario Grasso aufgewachsen, der Berg war für ihn immer so selbstverständlich wie das Meer. Auch sein Roman *Fine dell'Adolescenza* (1992 bei *Prova d'Autore* erschienen) spielt am Fuß des Vulkans, und einer der Protagonisten ist eine Bummelbahn: die berühmte *Circumetna* – von Einheimischen *la Circum* genannt –, die ratternd und schaukelnd einmal um den Vulkan herumfährt und dabei sogar bis auf tausend Meter hochkriecht. Mehr als vier Stunden dauert die Fahrt von Giarre bis nach Catania, der Zug ruckelt durch Orangenplantagen, Olivenhaine, an Weinfeldern und Schafen vorbei, und dazwischen liegen dicke Lavabrocken. Nicht nur Touristen, auch Einheimische, vor allem Schüler und Rentner, reisen mit der *Circum*. Im Roman von Mario Grasso fährt ein Lehrer jeden Tag mit der *Circumetna* zur Arbeit. Als er eines Tages wieder in die rumpelnde Monotonie des Bummelzugs abtaucht, lernt er eine junge Frau kennen und verliebt sich in sie.

Der Verleger nimmt den Hut ab, der etwas schief auf

seinem Kopf sitzt, und legt ihn auf die Rückbank seines Citroëns – natürlich ist Mario Grasso galant und holt mich von meinem Hotel in Taormina ab. Sorgfältig streicht er die Anzugjacke glatt. Wahrscheinlich ist er der einzige Ätna-Ausflügler, der an diesem Sonntag in Schlips und Kragen zum Vulkan hochfährt. Schwungvoll öffnet er den Kofferraum, er ist voller Bücher, eine Art mobile Außenstelle des Verlags, und nur mit Mühe quetsche ich meine kleine Reisetasche hinein. »Bei der vielen Verlagsarbeit komme ich leider viel zuwenig zum Schreiben«, sagt Mario Grasso. »Seit Wochen schaffe ich es nicht, die Fahnen von meinem letzten Gedichtband zu lesen.« Heute wolle er jedoch ausspannen und einmal nichts mit Literatur zu tun haben. Grasso wirft die Klappe zu und hält mir die Tür auf. Ich bin mir nicht sicher, ob er die selbst verordnete Enthaltsamkeit durchhält und nicht schon wieder ein Buch ausbrütet, das nachher makellos wie ein gepelltes Ei auf seinem Sitz liegt. Mit sechzig Stundenkilometern fährt der Verleger über die Autobahn auf den Vulkan zu, dabei blickt er immer wieder konzentriert in den Rückspiegel, die Seitenspiegel sind kaputt. Alle anderen Fahrzeuge überholen uns, selbst ein alter Fiat 500, manche Autos hupen, und Mario Grasso sagt, bei einem höheren Tempo sei jede Unterhaltung unmöglich und er wolle sich schließlich entspannen.

Je weiter wir nach oben kommen, desto mehr sieht die schwarze Erde aus wie verbrannt. Große Lava-Felder, die Schutthalden ähneln, dazwischen sonnengelb der Ginster und wuchernde Kaktusfeigen. Bilder, die fast klassisch die Antinomie von Fruchtbarkeit und Tod demonstrieren. »Das ist ein alter Hut«, schnaubt Mario Grasso, und natürlich hat er recht; doch wie immer wiegt das eigene Erleben mehr als alles, was andere darüber geschrieben haben. Dann zitiert Grasso Goethe – langsam und vielleicht gerade deshalb so ehrfürchtig, weil er die Sprache gar nicht kann.

Goethe war nicht auf dem Ätna, nur am Fuß des Vulkans. Er hätte sich mit Entsetzen abgewendet, würde er heute den Parkplatz sehen, an dem wir schließlich ankommen: Dicht an dicht stehen die Buden, um die sich die Touristen scharen – ein Konsum-Corso in 1900 Meter Höhe. Honig und Marmelade in zig Geschmacksrichtungen von Eukalyptus bis Kaktusfeige; bunte Liköre, bei denen einem schon vom bloßen Hinsehen schlecht wird; schwarze Schachteln mit farbigen Steinen – angeblich Mineralien vom Ätna, und selbst wenn sie echt sind, wirken sie heillos künstlich. Die Verkäufer stehen wie Fliegenfänger vor ihren Auslagen und rufen die Touristen zu sich heran, »alles probirren, alles gutt«. Man spricht Deutsch, Englisch und Französisch, sogar ein Schild in russischer Sprache sehe ich, der Ätna ist international. Auch Videos gibt es zu kaufen mit schaurig-schönen Bildern von der rotglühenden Feuerwalze – ein bißchen Grusel in Gipfelnähe muß sein. Dazwischen sind Bars und Restaurants, aus denen ein Mix aus italienischen Schnulzen in die benzingetrübte Bergluft dröhnt. Vielleicht bricht der Vulkan irgendwann aus Rache aus, wenn ihm der Rummel zuviel wird.

Als wir schließlich einen Parkplatz gefunden haben, entschuldigt sich Mario Grasso: Er will noch einen Augenblick im Auto sitzen bleiben und entspannen, *niente lavoro*, er kommt später nach, ich soll mir schon mal die Silvestri-Krater ansehen. Er nickt mir zu, viel Spaß, und ich frage mich, wie er sich inmitten des Gewühls entspannen will und ob ich ihn überhaupt wiederfinde.

Die Silvestri-Krater wirken von weitem wie aufgestülpte Lippen, ein wenig obszön, und ich bin erstaunt, daß sich die Erde schon in dieser Höhe, mehr als tausend Meter vom Gipfel entfernt, so weit öffnet. Als ich auf die düsteren Hänge zugehe, sehe ich, daß sie überhaupt nicht einheitsgrau sind: Manche leuchten in der Sonne rostrot, andere sind mit einem Grasflaum überzogen, der zartgrün schimmert. Unten im Tal, wo alles protzig blüht, würden diese Farben stumpf wirken. Über Geröll steige ich zu dem kleinen Krater hoch, und als ich oben bin, balanciere ich wie die anderen Touristen vorsichtig am Rand entlang. Eine bizarre Choreographie der Langsamkeit, bei der immer neue Figuren auf- und abtreten, um einmal den Schlund unter sich zu haben. So erscheint das Leben plötzlich abgebremst, in Zeitlupe – der Vulkan hat seinen eigenen Rhythmus. Das, worauf alle starren, ist dagegen weniger eindrucksvoll: grauer Stein, erloschen, der sich als Mulde nach unten absenkt. Manche Orte verlieren ihren Reiz, wenn man ihnen zu nahe rückt. Wer den Krater aus der Entfernung sieht, bewahrt sich die Illusion, daß hier sonstwas passieren kann und die Erde unten kräftig blubbert.

Die Seilbahnstation liegt oberhalb vom Parkplatz. Mario Grasso ist nicht in Sicht, und so steige ich in eine der kleinen Kabinen, die wie Spielzeuge aussehen, aber trotzdem fahren. Sachte schwebt die Gondel über dem Lavahang nach oben, das Ionische Meer wird immer kleiner im Dunst, ein Becken gefüllt mit Wasser. Als wir an der Bergstation auf rund 2600 Meter Höhe ankommen, ist die Luft deutlich kühler und die Zivilisation ausgedünnt. Kein Budenzauber, keine Busse, ein paar Jeeps, ein Dutzend Touristen und eine asiatisch aussehende Bergführerin mit rot geschminkten Lippen, ein Farbtupfer vor den grauen Berghängen. Sie hat ihr Mona-Lisa-Lächeln angeknipst und erklärt geduldig einer Gruppe Franzosen, daß es heute zu gefährlich ist, zum Hauptkrater hochzusteigen, vor ein paar Tagen gab es eine Explosion, bei der Steinbrocken durch die Luft geschleudert wurden. Die Franzosen murren, die Mona Lisa fährt sich mit der Zunge über die Lippen und zuckt mit den Schultern, wer weiß, wie oft sie schon den Gipfel-Zerberus spielen mußte.

Als ich länger stehe, wird die Luft mit einem Mal schneidend kalt. An der Seilbahnstation leihe ich mir eine dicke Jacke und Stiefel, ohne geht es nicht, und so sehen in dieser Höhe alle Touristen gleich aus. Die Landschaft ähnelt einem Kuhfell, schwarz-weiß gescheckt; wäre der Schnee nicht da, hätte ich das Gefühl, durch schwarze Wüsten zu stapfen, meine Stiefel sind nach kurzer Zeit eingestaubt. Unschlüssig folge ich dem Weg nach oben, nur wenige Menschen sind unterwegs, hier zumindest würde ich Mario Grasso sofort finden. Plötzlich entdecke ich auf einem Lavaklumpen ein paar rote Punkte, manche stehen still, andere bewegen sich langsam vorwärts: Marienkäfer, alte Bekannte, rot mit schwarzen Stecknadelköpfen, irgendein Wind muß sie hierhergeweht haben. Ich hebe einen auf und stecke ihn in meinen Rucksack. Bestimmt bringt es Glück, einen

Marienkäfer vom Ätna mitzunehmen, und vielleicht ist er froh, von hier wegzukommen – jedenfalls sehe ich ihn als Zeichen zum Aufbruch aus der Kälte. Die staubige Weite, in der nichts mehr blüht, kommt mir vor, als würde man hier auf sein Lebensende zustolpern.

In der Gondel treffe ich die Franzosen wieder, die sich um den Gipfel betrogen fühlen. Sie erzählen von all den spektakulären Bergtouren, die sie bereits in ihrem Leben gemacht haben, und die Erinnerung scheint sie zu trösten. Dann sehen alle plötzlich in eine Richtung, *tiens, une coccinelle*, mein Marienkäfer schwirrt durch die Luft, und als sich die Tür öffnet, ist er als erster draußen. Schade, denke ich, und bin gleichzeitig froh, ihn überhaupt gefunden zu haben, ein winziges Leben weitab der Vegetation. Immerhin ist er jetzt 700 Meter gipfelabwärts gereist, wo er sich in Grasbüschel flüchten kann.

Auf dem Parkplatz suche ich nach einem Mann in dunkelgrauem Anzug, an der Seilbahnstation steht er nicht und in der Bar gegenüber auch nicht. Der Platz ist in der Zwischenzeit noch voller geworden, Familien haben Campingtische aufgebaut und picknicken, die Kinder kratzen den wenigen Schnee zusammen und werfen sich die Bälle an den Kopf. Dann dröhnt eine Motorrad-Gang heran; die Maschinen sehen aus wie gefährliche Insekten und ziehen schnell an den Familien vorbei – Etna-Süd als Panorama-Rennstrecke.

Als ich schließlich zum Auto zurückgehe, sitzt Mario Grasso immer noch da, genauso wie vorhin, nur völlig versunken, die eine Scheibe ist heruntergekurbelt. Auf dem Lenkrad hat er einen Schreibblock ausgebreitet, die vordere Seite ist fast vollgeschrieben, ein zerknülltes Blatt liegt auf dem Beifahrersitz. Eine Touristengruppe zwängt sich an seinem Auto vorbei, der Reisebus mit Dresdner Kennzeichen hupt, die Deutschen wuseln darauf zu – »Ilse, wo bleibst du denn?« –, und Mario Grasso hebt nicht mal den Kopf. Ich klopfe an die Scheibe, der Verleger zuckt zusammen, dann winkt er mich hinein. »Wissen Sie, daß Sie mir unendlich geholfen haben? Sie haben mir von dem Möchtegern-Don-Giovanni erzählt, den Sie in Taormina getroffen haben. Und plötzlich hat sich ein Knoten in meinem Kopf gelöst. Jetzt weiß ich, wie das Gedicht weitergeht, an dem ich schon so lange sitze. Es handelt von einer Frau und ihren unbeschreiblichen Augen ...« Und er deklamiert, über das Lenkrad gebeugt, eine getragene Melodie, während sich die Autos an uns vorbeischieben und Ilse mit hochrotem Kopf auftaucht – »Fritz, ich komm ja schon, hast du den Limonen-Likör eingesteckt?« Mario Grasso scheint nichts von alldem zu bemerken, genausogut könnten wir in einem U-Boot sitzen. Ist er zwischendurch überhaupt nicht ausgestiegen, frage ich. »Nein, dazu war keine Zeit«, sagt Mario Grasso, und es klingt überhaupt nicht bedauernd. Er wirkt jetzt viel entspannter als vorhin, fast heiter. Hat er etwas gegessen? Nein, dazu hätte er ja aussteigen müssen. Nur würde er gern einen Espresso trinken, zum Beispiel in Zafferana, einem Dorf am Fuß des Ätna. Bei dem großen Ausbruch von 1992 hatte sich der Lavastrom direkt auf den Ort zubewegt, erzählt Grasso, aber war kurz davor stehengeblieben.

In meiner Vorstellung sind alle Ätna-Dörfer eng und düster, die Häuser bestehen ausschließlich aus Lavastein, und kein Mensch hält sich freiwillig lange auf der Straße auf. Natürlich stimmt das alles nicht, und Zafferana wirkt sogar ansprechend. Der Dom im Zentrum schraubt sich imposant in die Höhe, fast ist er eine Nummer zu groß für den Ort. Auch die schöne Piazza gegenüber, die direkt auf das Meer zuläuft, ist gewaltig, vielleicht muß Zafferana noch ein wenig wachsen. Auf einer Bank sitzen zwei alte Männer in wattierten Jakken, ansonsten ist der Platz leer gefegt. Für Sizilianer sind die Nachmittagstemperaturen – vierzehn, fünfzehn Grad – fröstelig. Mario Grasso führt mich in ein Café, das auf *dolci* spezialisiert ist. Manche Kunden bestellen sie zum Cappuccino, andere lassen sich Pappschachteln füllen, die mit einem roten Band verschnürt werden. Mario Grasso sagt, er wolle ein Paket für uns aussuchen, und stellt sich in die Schlange.

Als ich auf ihn warte, kommt ein kleiner Mann mit grauen Haaren auf mich zu, »sono Anfio«, sagt er, er habe schon häufig Touristen zum Ätna geführt. »Wußten Sie, daß man aus der glühenden Lava Aschenbecher macht? Manchmal gehe ich bei einem Ausbruch so nahe an den Strom heran, daß ich die Lava abschöpfen und mit einer Eisenzange formen kann. Alles muß sehr schnell gehen, weil die Lava sofort erkaltet. Nächstes Mal bringe ich Ihnen einen Aschenbecher mit.« Während der Bergführer spricht, kommen die beiden alten Männer von draußen an unseren Tisch. Ich bin mir nicht sicher, ob Anfios Geschichte stimmt – vielleicht ist es hier üblich, Fremden gegenüber das Feuer vom Himmel zu lügen, so wie Küstenbewohner Seemannsgarn spinnen. »Sie können ihm glauben«, meint einer der Männer, »keiner kennt den Ätna so gut wie Anfio.«

Hier im Dorf, sagt der Fremdenführer, werde der Vulkan »gigante buono«, der gute Riese, genannt, und meistens habe sich der Berg daran gehalten. »Trotzdem muß man ihn immer genau beobachten, die kleinste Rauchsäule ernst nehmen, jeder Ausbruch ist anders. Häufig züngelt die Flamme tage- und wochenlang, aber plötzlich schlägt die Feuerwalze erbarmungslos zu.« Er spricht immer weiter, leidenschaftlich und mit unverhohlenem Schaudern. *La montagna* hat ihn in der Hand wie eine eigensinnige Geliebte – warum sollte er, der sich als »ewigen Junggesellen« bezeichnet, da noch anderweitige Bindungen eingehen? Wenn Anfio erzählt, wie er während eines Ausbruchs ganz nahe an den Lavastrom herangeht, klingt es fast, als hätte er mit dem Berg ein Verhältnis. Wie gut, denke ich, daß er heute keinen Aschenbecher dabei hat, ich habe die Ungetüme oben auf dem Parkplatz in der Hand gehabt, sie sind nicht nur häßlich, sondern auch schwer.

Als Mario Grasso und ich in den Citroën steigen, leuchtet der Ätna versöhnlich in der Abendsonne. Auch ich werde ihn in Zukunft »gigante buono« nennen, die Beschwörungsformel überzeugt mich. Was nicht heißt, daß ich weniger Respekt vor dem Berg habe. Eher im Gegenteil.

Mario Grasso fragt, ob mir der Ausflug gefallen hat, er jedenfalls habe sich auf dem Ätna sehr gut entspannt. Endlich mal rausfahren, den Kopf frei bekommen und dann die viele frische Luft ... Er atmet tief ein, und ich überlege, wann er heute überhaupt an der Luft war. So viel Entspannung habe er seit langem nicht gehabt, fährt Mario Grasso fort, sie werde bestimmt eine Weile vorhalten. Dann schweigt der Verleger und starrt vor sich hin. Ich bin mir sicher, daß er in Gedanken schon sein Gedicht überarbeitet.

»Bella Italia!«
im insel taschenbuch

Alice Vollenweider · Bella Italia!

Unterwegs zu den
verborgenen Schönheiten Italiens
it 3192. 152 Seiten

Eva Demski · Venedig

Salon der Welt
it 3193. 128 Seiten

Franziska Wolffheim · Gardasee

Wo der Süden beginnt
it 3194. 128 Seiten

Hermann Hesse · Bilder aus der Toskana

Von Florenz bis Siena
it 3195. 160 Seiten

Marco Lodoli · Inseln in Rom

Streifzüge durch die Ewige Stadt
it 3196. 144 Seiten

*Dominique Fernandez · Neapel
und Süditalien*

it 3197. 144 Seiten

Franziska Wolffheim · Sizilien

Portraits einer Insel
it 3198. 152 Seiten

Literarische Reisebegleiter
im insel taschenbuch
Eine Auswahl

Städte

Athen. Literarische Spaziergänge. Herausgegeben von Paul Ludwig Völzing. Mit farbigen Fotografien. it 2505. 336 Seiten

Bayreuth. Ein literarisches Porträt. Herausgegeben von Frank Piontek und Joachim Schultz. Mit zahlreichen Abbildungen. it 1830. 208 Seiten

Mit Brecht durch Berlin. Ein literarischer Reiseführer. Von Michael Bienert. Mit zahlreichen Fotografien. it 2169. 271 Seiten

Literarischer Führer Berlin. Von Fred Oberhauser und Nicole Henneberg. Mit zahlreichen Abbildungen, Karten und Registern. it 2177. 517 Seiten

Bremen. Literarische Spaziergänge. Von Johann-Günther König. Mit farbigen Fotografien. it 2621. 272 Seiten

Budapest. Ein literarisches Porträt. Herausgegeben von Wilhelm Droste, Susanne Scherrer und Kristin Schwamm. Mit zahlreichen Fotografien. it 1801. 283 Seiten

Chicago. Porträt einer Stadt. Herausgegeben von Johann Norbert Schmidt und Hans Peter Rodenberg. Mit farbigen Fotografien. it 3032. 330 Seiten

NF 31/1/3.05

Dresden. Ein Reisebuch. Herausgegeben von Katrin Nitzschke unter Mitarbeit von Reinhardt Eigenwill. Mit zahlreichen Abbildungen. it 1365. 294 Seiten

Dublin. Ein Reisebegleiter. Von Hans-Christian Oeser. Mit farbigen Fotografien. it 3114. 220 Seiten

Frankfurt. Acht literarische Spaziergänge. Von Siegfried Diehl. Mit farbigen Fotografien. it 2197. 190 Seiten

Mein Frankfurt. Von Martin Mosebach. Ausgewählt und mit einem Nachwort von Rainer Weiss. Mit Fotografien von Barbara Klemm. it 2871. 176 Seiten

Granada. Ein literarisches Porträt. Herausgegeben von Nina Koidl. Mit farbigen Fotografien. it 2635. 243 Seiten

Hamburg. Ein Städte-Lesebuch. Herausgegeben von Eckhart Kleßmann. Mit zahlreichen Abbildungen. it 1312. 305 Seiten

Heidelberg-Lesebuch. Stadt-Bilder von 1800 bis heute. Herausgegeben von Michael Buselmeier. it 913. 385 Seiten

Istanbul. Ein Reisebegleiter. Von Barbara Yurtdas. Mit farbigen Fotografien. it 3026. 313 Seiten

Der Kölner Dom. Ein literarischer Führer. Herausgegeben von Markus Klein. Mit zahlreichen Abbildungen. it 2226. 149 Seiten

Leipzig. Literarische Spaziergänge. Herausgegeben von Werner Marx. Mit farbigen Fotografien. it 2710. 222 Seiten

Lissabon. Ein Städte-Lesebuch. Herausgegeben von Ellen Heinemann. it 2106. 390 Seiten

NF 31/2/3.05

London. Literarische Spaziergänge. Herausgegeben von Harald Raykowski. it 2554. 272 Seiten

Wolfgang Koeppen. Muß man München nicht lieben? it 2712. 160 Seiten

New York. Literarische Spaziergänge. Von Herbert Genzmer. Mit farbigen Fotografien. it 2883. 160 Seiten

Paris. Literarische Spaziergänge. Von Uwe Schultz. Mit farbigen Fotographien. it 2884. 272 Seiten.

Mit Proust durch Paris. Von Rainer Moritz. Mit zahlreichen Fotografien. it 2992. 160 Seiten.

Potsdam. Literarische Spaziergänge. Von Jochen R. Klicker. Mit farbigen Fotografien. it 2926. 416 Seiten

Rom. Ein literarisches Porträt. Herausgegeben von Michael Worbs. Mit farbigen Fotografien. it 2298. 320 Seiten

Mit Marie Luise Kaschnitz durch Rom. Herausgegeben von Iris Schnebel-Kaschnitz und Michael Marschall von Bieberstein. Mit Fotografien von Mario Clementi. it 2607. 196 Seiten

St. Petersburg. Literarische Spaziergänge. Von Ingrid Schalthöfer. Mit farbigen Fotografien. it 2833. 240 Seiten

Trier. Deutschlands älteste Stadt. Reisebuch. Herausgegeben von Michael Schroeder. Mit Fotografien von Konstantin Schroeder. it 1574. 260 Seiten

Tübingen. Ein literarischer Spaziergang. Herausgegeben von Gert Ueding. Mit zahlreichen Abbildungen. it 1246. 384 Seiten

NF 31/3/3.05

Venedig. Ein Reisebegleiter. Herausgegeben von Doris und Arnold E. Maurer. Mit zahlreichen Fotografien. it 3110. 190 Seiten

Weimar. Ein Reisebegleiter. Von Annette Seemann. Mit farbigen Fotografien. it 3066. 300 Seiten

Wiener Adressen. Ein kulturhistorischer Wegweiser mit Straßenplänen und Fotos von Dietmar Grieser. it 1203. 217 Seiten

Das Wiener Kaffeehaus. Mit zahlreichen Abbildungen und Hinweisen auf Wiener Kaffeehäuser. Herausgegeben von Kurt-Jürgen Heering. it 1318. 318 Seiten

Landschaften • Länder • Kontinente

Amerika

Kalifornien. Ein Reiselesebuch. Herausgegeben von Herbert Genzmer. Mit farbigen Fotografien von Till Bartels. it 2636. 282 Seiten

Harry Graf Kessler. Notizen über Mexiko. Herausgegeben von Alexander Ritter. Mit zahlreichen Abbildungen. it 2176. 182 Seiten

Martin Walser/André Ficus. Die Amerikareise. Versuch, ein Gefühl zu verstehen. Mit 51 farbigen Bildern von André Ficus. it 1243. 117 Seiten

NF 31/4/3.05

Asien

Indien. Ein Reisebegleiter. Von Martin Kämpchen. it 2996. 272 Seiten

Tibet. Erfahrungen auf dem Dach der Welt. Von Wilhelm Klingenberg. Mit zahlreichen Fotografien. it 1860. 198 Seiten

Deutschland

Hans Christian Andersen. Schattenbilder einer Reise in den Harz, die Sächsische Schweiz etc. etc. im Sommer 1831. Herausgegeben von Ulrich Sonnenberg. Mit zahlreichen zeitgenössischen Abbildungen. it 2818. 232 Seiten

Bodensee. Reisebuch. Herausgegeben von Dominik Jost. Mit farbigen Abbildungen. it 1490. 313 Seiten

Der Rhein. Eine Reise mit Geschichten, Gedichten und farbigen Fotografien. Herausgegeben von Helmut J. Schneider unter Mitarbeit von Michael Serrer. Mit Fotografien von Pieter Jos van Limbergen. it 1966. 206 Seiten

Die schönsten Schlösser und Burgen Deutschlands. Ein literarischer Reisebegleiter. Herausgegeben von Joachim Schultz. Mit farbigen Fotografien von Horst und Daniel Zielske. it 2717. 256 Seiten

Schwarzwald und Oberrhein. Der literarische Führer. Herausgegeben von Hans Bender und Fred Oberhauser. Mit zahlreichen Abbildungen. it 1330. 416 Seiten

NF 31/5/3.05

